Gracias a Kant

Begoña Román Maestre

Gracias a Kant

Herder

Diseño de la cubierta: Ferran Fernández

© 2025, *Begoña Román Maestre*
© 2025, *Herder Editorial, SL, Barcelona*

ISBN: 978-84-254-5263-3

Cualquier forma de reproducción, distribución, comunicación pública o transformación de esta obra solo puede ser realizada con la autorización de sus titulares, salvo excepción prevista por la ley. Diríjase a cedro (Centro de Derechos Reprográficos) si necesita reproducir algún fragmento de esta obra (www.conlicencia.com).

Imprenta: Sagràfic
Depósito legal: B-17.519-2025
Printed in Spain - Impreso en España

Herder
www.herdereditorial.com

Índice

A mis padres

La libertad es sin duda la ratio essendi *de la ley moral, pero la ley moral es la* ratio cognoscendi *de la libertad.*

IMMANUEL KANT,
Crítica de la razón práctica

Abreviaturas

ASP: *Antropología en sentido pragmático*
FMC: *Fundamentación de la metafísica de las costumbres*
Idee: «Idea de una historia universal en clave cosmopolita»
KrV: *Crítica de la razón pura* (por sus siglas en alemán)
KpV: *Crítica de la razón práctica* (por sus siglas en alemán)
KU: *Crítica del juicio* (por sus siglas en alemán)
MdC: *La metafísica de las costumbres*
Pe: *Pedagogía*
PP: *La paz perpetua*
QeI: «Respuesta a la pregunta: ¿Qué es la Ilustración?»
RC: «Replanteamiento sobre la cuestión de si el género humano se halla en continuo progreso hacia lo mejor»
Re: «La religión dentro de los límites de la mera razón»
SeT: «Sobre el tópico eso puede ser válido en teoría pero no sirve para la práctica»
SpD: «Sobre un presunto derecho a mentir por filantropía»

Introducción

Solo mirando los temarios de las asignaturas de Ética, ya se puede constatar que Aristóteles y Kant son dos de los autores imprescindibles. No cabe duda de que hay un antes y un después de ellos, suponen puntos de inflexión a la hora de pensar la ética, pues representan los abordajes, aunque no únicos sí principales, de la ética antigua y de la ética moderna, respectivamente. Nosotros, como ciudadanos del siglo XXI, somos herederos más directos de la Ilustración, entendemos la ética y la política contemporáneas desde la ética moderna, que tiene como uno de sus máximos representantes a Kant. Comprender nuestro tiempo requiere comprender lo que él nos legó, ya que la concepción occidental del mundo humano se la debemos en parte a él. Palabras clave como *persona, crítica, libertad, autonomía, dignidad, respeto,* aunque polisémicas y discutidas, son difícilmente renunciables o sustituibles, y beben de fuentes kantianas.

En especial gracias al giro hermenéutico, sabemos que las palabras y quienes las usamos siempre estamos situados en un contexto que es temporal y, por tanto, cambiante. Las palabras, también las que aluden a cuestiones morales, se van puliendo, camuflando o desapareciendo, hasta llegar a generar mala comprensión e incluso incomprensión, al pretender que entendemos todos lo mismo. Gracias sobre todo al giro lingüístico, también sabemos que las palabras no solo aluden a cosas, sino que también hacemos cosas con palabras, y, sobre todo, también perdemos cuestiones de cosas cuando perdemos o tergiversamos las palabras. Pensemos en el honor, o la palabra de honor, o en los conceptos de solidaridad o fraternidad, y cómo el trasiego del tiempo ha hecho mella en ellos. Por ello hay que conmemorar a Kant. Porque su reflexión sobre palabras que se dieron por supuestas, pero a las que no prestábamos suficiente atención, necesitaban ser pensadas con mayor amplitud y ahondamiento tanto en aquel entonces como hoy. Recientemente se ha celebrado el centenario del nacimiento de Kant. Este libro viene a rendir homenaje a su figura ofreciendo al lector una introducción a su filosofía práctica, así como un elogio razonado de la misma. Dado que la obra de Kant es extensa y compleja, y no queremos que este texto sea ni arduo ni largo, por expreso deseo de concisión y claridad, no vamos a citar a nuestro filósofo más que en aquellas ocasiones en que lo acertado o contundente de sus palabras sea difícilmente superable.[1] Por eso mismo nos centramos en la que consideramos que es la gran aportación de Kant, su filosofía práctica, es decir, la filosofía que reflexiona sobre la acción o, lo que es lo mismo, sobre lo que es posible por la libertad. Por filosofía práctica entendemos la filosofía moral, o ética, la filosofía política y la filosofía social. No obstante, dado que en el pensamiento kantiano la filosofía política y la social beben de la filosofía moral, esta ocupa el lugar principal.

El título del libro, *Gracias a Kant,* ya presenta las consignas. Se trata de un elogio, de una alabanza de las cualidades y los méritos de la filosofía práctica de Kant. No obstante, en línea con la ética humana que nos propone nuestro autor, que no es para santos, también se constatan las deficiencias, la primera de las cuales ya la asumió él mismo, y tiene que ver

---

1 Lo citaremos haciendo referencia a la edición crítica de la Academia de las Ciencias de Berlín; por ello informamos del volumen en números romanos, seguida de la paginación en alemán acompañada de la página de la traducción al castellano.

con la excesiva abstracción y tecnicismo de su escritura, para cuya comprensión se precisa de una explicación. Él mismo tuvo que escribir textos aclaratorios a su propia obra. Otras veces las deficiencias se deben a la pretensión de hacer una filosofía sistemática en la que todo debe concordar, y no siempre se logra. En efecto, nuestro autor no solo escribe con una gran abstracción y un rigor técnico que precisan de ayuda, de profesor y diccionario de términos específicos, sino que él mismo, quizá sin quererlo, generó algunos de los malentendidos que su filosofía práctica todavía hoy arrastra.

En definitiva, como no podría ser de otro modo por la admiración al filósofo prusiano y en coherencia con una de sus palabras clave, nuestro elogio es crítico. Por ello a veces, en línea con él, procuraremos atisbar si su filosofía práctica podría ir más allá de donde él la dejó. Entre las ventajas de escribir trescientos años más tarde, está que podemos tener más conciencia de lo que mejor ha resistido el paso de los años y nos continúa siendo imprescindible o, por seguir con otra de las palabras de nuestro autor, «trascendental», es decir, condición de posibilidad de seguir pensando.

Nos vamos a centrar en el Kant maduro, en su filosofía crítica, la que le ocupó los últimos treinta años de su vida. Otros estudiosos se centran en la génesis de la filosofía del autor, van leyendo sus obras más tempranas, y se dedican a vislumbrar destellos de lo que será su obra crítica.

Hay que volver a explicar determinados logros porque, si creemos que, una vez conquistados, nos podemos dedicar a otra cosa, olvidamos la condición temporal en la que siempre vivimos los humanos. Nada está conquistado para siempre, ni aprendido de una vez por todas; una y otra vez hay que volver a las mismas historias, resignificándolas con el vocabulario y los *acentos* de hoy; no se trata sin más de recordarlas, sino de entender el porqué en sus contextos y por qué las seguimos necesitando hoy. Hay que volver a explicar a determinados autores no solo porque hacen las preguntas eternas, sino porque ofrecen una repuesta que contribuye a mejorar la anterior y a progresar en el conocimiento liberándonos de errores y descubriendo nuevas vetas a explorar. Gran parte del valor de la filosofía práctica de Kant radica en haber ido al fondo. Se atrevió a hacer preguntas que, no por obvias, merecían ser cuestionadas otra vez. La verticalidad de su reflexión, de entrar en lo profundo, con todo el significado de la palabra, llevaba a indagar sobre los cimientos, los fundamentos y, en concreto, sobre eso tan esencial como es la moral, los hábitos y las costumbres. En su época estaban cambiando mucho, no solo por la Revolución francesa y el nuevo régimen que se deseaba abanderado por la triada de libertad, igualdad y fraternidad, sino por la moral que se desmoronaba en un mundo cada vez más necesitado de interconexión, cosmopolitismo y paz duradera.

Kant vivió casi ochenta años y pudo advertir que la Ilustración perdía empuje y triunfaba un Romanticismo que, ensalzando el sentimiento, despreciaba las luces y la insistencia en la razón. Hoy oímos reivindicar que necesitamos más Ilustración. De eso va la filosofía práctica kantiana, de reivindicar la racionalidad como orientación de nuestro quehacer, porque la racionalidad nos hace libres; y porque la libertad se debe conquistar siempre, a título personal, individual, mas también a nivel de los grupos, las naciones, los Estados y a nivel mundial.

Impensable, pues, un elogio del pensador de Königsberg sin hacer un elogio de la razón y de la crítica de la razón. Para nuestro autor es la razón en su uso libre la que orienta el resto de sus funciones. Por ello defendió el primado de la razón práctica.

Después de un primer capítulo introductorio, los otros tres capítulos giran en torno a tres ejes. El primero se centra en la defensa de la visión kantiana de la moral y su fundamentación. Hay un deseo de, contestándole, superar a Hume y continuar con la noción de voluntad general de Rousseau, sin duda los dos pensadores contemporáneos a Kant más presentes en su filosofía práctica. Dicha influencia se concreta en superar el sentimentalismo del escocés y en traducir a filosofía moral la noción política rousseauniana de «voluntad general». Cada uno de los cuatro capítulos que componen el libro sigue la misma estructura. En primer lugar, se explicita cómo Kant trató la cuestión a la que se dedica el capítulo. En segundo lugar, actualizamos esa respuesta en algunas de las problemáticas de hoy y, en tercer lugar, apuntamos algunas críticas o insuficiencias de la respuesta kantiana. El segundo eje pivota sobre la importancia de la esperanza de felicidad, de paz perpetua y de Ilustración. La pregunta por la esperanza va ligada a la constatación de los límites sobre lo que no podemos hacer y sobre lo que sí podemos; sin olvidar que para Kant lo que frena puede ser, al mismo tiempo, lo que posibilita. Fruto de la honestidad, de la autocontención y de la humildad de la razón, se abre paso la fe, una fe racional. El tercer eje se centra en los tópicos, los lugares comunes sobre la filosofía práctica kantiana, que no son acertados. En última instancia, esos tres ejes de fundamento, de esperanza y de malentendidos, sirven también hoy, más allá de Kant, para pensar la acción, dirigirla y acotarla.

Este libro nace con vocación pedagógica. Se dirige a todo aquel que quiera conocer qué dijo este pensador alemán del siglo XVIII, cuyo nombre muchos conocen y citan a pesar de que su filosofía no sea tan entendida. Deseamos dar a conocer la filosofía práctica de Kant, contribuir a volver a leer sus obras, gracias a cierta ayuda, con mayor comprensión y ahondamiento. Si logramos aumentar el número de lectores de alguno de sus textos, nos daremos por satisfechos. Si conseguimos que, finalmente, tras el nombre de Kant, o la palabra *crítica* o el término *imperativo categórico*, se entienda la potencia de sus propuestas, habremos logrado los objetivos. Y, si tras nuestro esfuerzo, persisten animadversiones, o sencillamente menosprecio, a la filosofía práctica kantiana, esperamos haber contribuido a que, al menos, sea con conocimiento de causa.

1. La pregunta por el ser humano: conocer, hacer, esperar

En su *Manual de lecciones de Lógica,* publicado en 1800, cuatro años antes de su muerte, Kant presentaba en forma de preguntas lo que había sido su principal ocupación filosófica. Son tres preguntas que se pueden resumir en la más genérica, ¿qué es el ser humano?

A la primera de esas cuestiones, ¿qué puedo conocer?, se dedica principalmente en la *Crítica de la razón pura,* publicada en 1781. Le preocupaba a nuestro autor la posibilidad de un conocimiento universal y necesario, como le corresponde a un conocimiento que se presente como ciencia, es decir, como conocimiento objetivo, verdadero. Sin embargo, la pregunta por los límites del conocimiento y sus posibilidades ponía en jaque una disciplina crucial para la filosofía de aquellos tiempos, la metafísica. Por ello, en su primera Crítica fue más allá y contestó a otra cuestión con la que llevaba tiempo lidiando, a saber, si era posible la metafísica como ciencia.

La segunda pregunta, ¿qué debo hacer?, la aborda Kant sobre todo en la *Fundamentación de la metafísica de las costumbres,* publicada en 1785, y en la segunda de sus críticas, *Crítica de la razón práctica,* publicada en 1788. En ellas trata de explicar cómo es posible la moral y en qué consiste la legitimidad de las normas morales.

La tercera pregunta es la pregunta por la esperanza, por lo que nos cabe esperar una vez hecho el deber, apunta al sentido de todo; la aborda Kant sobre todo en la *Crítica de la razón práctica* y en *La religión dentro de los límites de la mera razón*. La razón kantiana es condición necesaria para las dos actividades cruciales para el ser humano, la ciencia y la praxis, pero no es suficiente. Ahora la razón, mediante la fe, va más allá de sí misma, aunque es una fe racional.

En la obra kantiana, la palabra *razón* es polisémica; en concreto, podemos distinguir un concepto amplio y otro más acotado. El sentido amplio alude al conjunto de facultades o capacidades, fundamentalmente a la sensibilidad, que capta las intuiciones (capacidad de sentir); al entendimiento, que trabaja con conceptos (capacidad de entender), y a la razón, que en su sentido más acotado es la capacidad de pensar, desarrolla las ideas, los conceptos sin contacto con la experiencia. Comprender los textos de Kant exige ir averiguando a qué noción de razón se refiere, si a la genérica, como conjunto de aquellas facultades, o únicamente a la capacidad de pensar ideas.

Con los títulos de *Crítica de la razón pura* y *Crítica de la razón práctica,* se alude a la importancia de no traspasar los límites del conocer y del obrar para que la síntesis entre nuestras capacidades se realice correctamente, conforme a las leyes de la razón, para que esta no se extravíe. En los títulos de estos libros igualmente hemos de distinguir en el complemento del nombre «de la razón» aquella que es el objeto que se critica (genitivo objetivo) de la que realiza la crítica (genitivo subjetivo). De ese modo, la crítica de la razón no es ni una petición de principio ni un círculo vicioso. El desdoblamiento entre objeto y sujeto es el que permite la crítica, constatándose así dos características de dicha razón. En primer lugar, no se puede hacer una crítica totalizante a la razón: al criticarla, la usamos, la suponemos, no hay alternativa. En segundo lugar, somos capaces de distinguir los contenidos empíricos de la razón, de su proceso de ir adquiriendo o generando sus contenidos. Kant quiere averiguar cómo conocemos, lo que requiere estudiar las normas del recto proceder para conocer. Lo mismo sucederá con la praxis. Querer saber cómo obrar bien requiere separar lo que hacemos en concreto de cómo sea posible que lo hagamos bien. Además, Kant distingue entre el uso teórico y el uso práctico de la razón. El primero, del que se ocupa principalmente en la *Crítica de la razón pura,* alude al conocimiento. En el uso práctico le interesa demostrar cómo la razón puede orientar la praxis. En ese caso no se trata tanto de conocer el mundo como de cambiarlo desde una buena voluntad que es libre cuando cumple el deber, como explicaremos más adelante. No se trata, en absoluto, de dos razones, solo son diferentes sus usos, finalidades y las maneras de proceder para lograrlas.

Late en nuestro autor el interés por acotar los límites sobre lo que la razón permite conocer y lo que la razón exige hacer, sin olvidarse de explicitar las impotencias de la razón. Detengámonos en cada una de estas tres preguntas, en cuyas respuestas se irá despejando parte de la incógnita sobre qué es el ser humano.

1.1. ¿Qué puedo conocer? La posibilidad de la ciencia y la imposibilidad de la metafísica como ciencia

Kant pretende que la razón, en su camino emancipatorio, supere las etapas dogmática y escéptica, y llegue a la etapa crítica, de ahí que nuestro filósofo se proponga sus críticas de la razón. Hume había despertado a Kant de su sueño dogmático, pero el alemán solo podía pernoctar, y pocas noches, en la posada del escepticismo a que conducía la filosofía del escocés.

En efecto, con el embiste a la noción de causalidad que Hume había realizado, la ciencia, que es el conocimiento de las causas, quedaba reducida a una mera cuestión de probabilidades. Si todo conocimiento comienza y procede de la experiencia, y esta es lo percibido (es decir, las impresiones y las ideas que copian aquellas), nada universal y necesario se deriva de ellas; con lo cual, nada es objetivo, en la medida que todo es relativo a la percepción de un sujeto, el cual, imperceptible a su vez, queda reducido a un mero haz de percepciones.[1]

Para Kant, la filosofía empirista no solo ponía en juego la posibilidad de la ciencia, sino la existencia de la metafísica como ciencia, metafísica que Hume, fiel a su empirismo, abandonó. Según el filósofo alemán, no se puede dudar de que la ciencia existe y progresa bien, pero hay que explicar cómo es posible; sin embargo, la pregunta por la metafísica no debe ser por el cómo sino por si es posible la metafísica como ciencia, dada la falta de consenso y coherencia en sus contenidos.

Una tesis crucial en la filosofía crítica de Kant es la distinción entre fenómeno y noúmeno. Ambos conceptos aluden al mismo objeto, pero considerado desde dos puntos de vista distintos: por un lado, el fenómeno, el objeto para el ser humano, como este lo conoce gracias a la intuición sensible (captación de los datos sensibles) y a la ordenación que hace el sujeto; y, por otro, el noúmeno, el objeto tal como lo podría conocer alguien con una intuición intelectual (intuición de la que carece el ser humano), por la que podría conocer la cosa en sí. De ese modo, los humanos no podemos conocer científicamente el objeto desde el punto de vista nouménico al faltarnos la intuición intelectual que permite captar la cosa tal y como esta es en sí. Solo podemos conocer el fenómeno.

¿Cómo es posible que Kant afirme que las cosas en sí existen a pesar de que no se pueden conocer?, o, formulado de otro modo, ¿cómo se puede decir de algo que no se conoce que existe? La respuesta radica precisamente en la noción de

---

1 Hume, D., *Tratado de la naturaleza humana*, Madrid, Tecnos, 2005.

«trascendental». La cosa en sí es la condición de posibilidad (que no la causa, pues esta es una categoría del entendimiento que solo se puede aplicar a los datos sensibles) del fenómeno. Como no cabe duda de que los fenómenos se nos aparecen, han de existir las cosas que las posibilitan en su aparecer, porque los humanos no nos inventamos los datos sensibles.

No hay manera de contrastar la adecuación entre nuestra representación, las cosas como se nos aparecen y las conocemos, los fenómenos, con las cosas en sí, tal com estas son en ellas mismas. No hay ninguna posibilidad de ir más allá del fenómeno, no hay así tampoco ninguna verdad como correspondencia del fenómeno a la cosa (aludiendo a la clásica definición realista de la verdad como *adaequatio intellectus et rei*). Declarado incognoscible el objeto en cuanto cosa en sí, el conocimiento objetivo lo es por intersubjetivo, es decir, en cuanto adecuación del entendimiento al entendimiento.

La filosofía kantiana es idealismo porque solo conocemos las representaciones mentales que nosotros generamos fruto de la síntesis entre lo dado por el objeto, lo material, y las estructuras que el sujeto pone en ellas, el aspecto formal. Por eso Kant llama a su filosofía «idealismo trascendental», por conocimiento de los objetos en la medida que el ser humano se los representa mentalmente. Y su idealismo es trascendental porque se dedica al estudio de las condiciones de posibilidad, esenciales y fundamentales, de esas representaciones mentales.

A pesar de su defensa de la razón, Kant no es racionalista. Para él todo conocimiento comienza con la experiencia. Para los racionalistas, la razón ya viene con las ideas puestas. El filósofo prusiano considera dogmático el racionalismo del siglo XVII, representado por Descartes, Leibniz, Spinoza o Wolff. Kant no defiende la existencia de ideas innatas que, en último término, dependen de la existencia de Dios, que las pone en nuestro entendimiento. Tampoco es Dios quien garantizará la objetividad salvando la noción de verdad como correspondencia entre nuestras representaciones mentales y las cosas, de modo que la objetividad quede intacta.

Sin embargo, nuestro autor tampoco es empirista, porque, a pesar de que todo conocimiento humano comienza por la experiencia, no todo procede de ella. La mente humana no es una mera *tabula rasa* a ser llenada o impactada por las percepciones. Los seres humanos solo pueden conocer los fenómenos, los objetos para los humanos, fruto de la síntesis que realizan el entendimiento y la sensibilidad.

No podemos ir más allá de los objetos tal como se aparecen a nuestras mentes en su primera aparición fenoménica (como meros datos sensibles) y luego en su elaboración por parte del sujeto, que pone, a nivel de sensibilidad, las dos formas puras a priori (espacio y tiempo) y, a nivel del entendimiento, las doce categorías agrupadas bajo cuatro clases (calidad, cantidad, relación y modalidad). Pero esas formas y conceptos puros o categorías no son innatas, sino a priori, es decir, independientes de la experiencia, solo se generan en contacto con la experiencia sin proceder de ella. Por eso, en cuanto a priori, son universales (para el universo de los seres racionales) y necesarias (son así y no pueden ser de otra manera). De ahí deriva la conocida frase de la *Crítica de la razón pura*: «Los pensamientos sin contenidos son vacíos; las intuiciones sin conceptos son ciegas».[2]

El método, es decir, el camino o proceso a seguir a que recurre Kant en sus demostraciones, también se acompaña del adjetivo *trascendental*. Se seguirá ese método tanto en el uso teórico como en el uso práctico de la razón. El adjetivo *trascendental,* aplicado al método, nos recuerda que conocer y obrar están sometidos a y posibilitados por las normas que la razón pone. Dicho método consiste en partir de un hecho indudable (en el caso de la ciencia, que la matemática y la física

2 KrV IV, A51/B75; p. 93.

existen) y buscar sus condiciones de posibilidad para, en un tercer momento, acotar cuándo conocemos legítimamente y cuándo no y especulamos; o, en el caso de la razón práctica, cuándo actuamos correctamente o nos desviamos. Las condiciones de posibilidad delimitan la zona de legitimidad e ilegitimidad: ponen los límites.

La conocida metáfora de la paloma que Kant expone en la introducción de *la Crítica de la razón pura* sirve también para ilustrar la centralidad del adjetivo *trascendental* de su idealismo:

> La ligera paloma, que siente la resistencia del aire que surca al volar libremente, podría imaginarse que volaría mucho mejor aún sin un espacio vacío. De esta misma forma abandonó Platón el mundo de los sentidos, por imponer límites tan estrechos al entendimiento. Platón se atrevió a ir más allá de ellos, volando en el espacio vacío de la razón pura por medio de las alas de las ideas. No se dio cuenta de que, con todos sus esfuerzos, no avanzaba nada, ya que no tenía punto de apoyo, por así decirlo, no tenía base donde sostenerse y donde aplicar sus fuerzas para hacer mover el entendimiento. Pero suele ocurrirle a la razón humana que termina cuanto antes su edificio en la especulación y no examina hasta después si los cimientos tienen el asentamiento adecuado.[3]

En el uso teórico podemos hacer y fundamentar la ciencia (en la *Crítica de la razón pura* Kant se dedica en concreto a la matemática y la física), aunque no metafísica como ciencia, porque siempre hay que mantener el amarre en los datos sensibles, gracias a lo cual podemos conocer la experiencia, los fenómenos, la realidad humana. La razón, como facultad de

---

3 KrV IV; A5/B9; pp. 46-47.

pensar, ve limitado su poder en su anhelo de lograr el conocimiento absoluto en el uso teórico, es decir, de conocer hasta lo incondicionado que engloba todo lo causalmente condicionado en el mundo fenoménico. La razón, disgustada por el freno a su afán de vuelo, se extravía cuando no acepta las condiciones del vuelo humano y los transgrede, como le ocurrió a Platón.

Esa metáfora expresa muy bien la doble dimensión de las condiciones de posibilidad: el obstáculo que impide ir más allá cognitivamente, queriendo conocer las ideas (conceptos racionales sin ninguna intuición de base), al mismo tiempo abre oportunidades, ya no como conocimiento científico. Es en el ámbito práctico en donde se amplía su capacidad como razón pura, no contaminada de nada empírico. En efecto, como veremos en el siguiente capítulo, el agente moral sabe que existe como ser libre precisamente porque debe, y no lo puede saber de otro modo.

Al analizar ese uso ilegítimo en lo teórico, se encuentra una gran posibilidad en el uso práctico. Así defiende nuestro autor que también hay en la finitud una potencia. Si, por querer ir más allá de los límites, nos extraviamos en el conocer por salirnos del camino, en el uso de la razón práctica, en el obrar, vislumbramos otro camino. A la hora de actuar, la razón, como capacidad de pensar, limitada en su afán científico, será, en cuanto que es pura, soberana en su uso práctico.

Los límites al conocimiento son cruciales para el desarrollo de la filosofía práctica kantiana. Gracias a ellos nuestro autor va a poder terminar con una filosofía dogmática especulativa, como la que veía en el racionalismo y su defensa de las ideas innatas cuyo último fundamento es Dios, que era al mismo tiempo fuente suprema de toda bondad y verdad (pensemos, por ejemplo, en las *Meditaciones metafísicas* de Descartes). Kant critica así toda pretensión de demostrar científicamente la existencia de Dios.

Kant va a fundamentar la moral más allá de la religión, contradiciendo la tesis que siglos más tarde defenderá Dostoievski, en *Los hermanos Karamázov*, al afirmar que, si Dios no existe, todo está permitido. Sin embargo, al fundamentar la moral Kant no solo irá más allá de la religión, también irá más allá del canon natural y la búsqueda de la felicidad, fundamentos tradicionales de todas las teorías éticas que lo precedieron. Acotar los límites a la razón permite a nuestro autor proponer otra metafísica que, aunque no sea posible como ciencia, tiene una importante misión en la filosofía. En efecto, una vez que critica la metafísica dogmática, recupera la palabra para proponer una nueva noción de metafísica.

Y es que podemos distinguir hasta tres nociones de metafísica en Kant. La primera, la metafísica dogmática, la noción tradicional, es claramente denostada en cuanto presunto conocimiento científico sobre cosas que están más allá de la experiencia. Esta metafísica debe ser superada. En la *Crítica de la razón pura* deja muy claro que la metafísica no es posible como ciencia. La metafísica, como conocimiento de Dios, del mundo como totalidad, del alma, en cuanto objetos no sensibles (es decir, no intuidos), no puede ser ciencia, pues son objetos que están más allá de la experiencia, que siempre empieza por la sensibilidad. Ha sido necesaria una crítica de la razón, un análisis exhaustivo de qué hacemos cuando conocemos, para demostrar que no podemos conocer lo que está allende nuestra sensibilidad, como pretende el conocimiento metafísico tan apreciado por el racionalismo dogmático.

Pero en la Dialéctica de la *Crítica de la razón pura* se constata, en su deseo de acceder y elevarse a los principios últimos, al conocimiento absoluto del sistema y llegar a lo incondicionado, la tendencia de la razón a querer ir más allá de los límites que ella misma se pone. Esta metafísica, como tendencia de la razón a pensar y especular más allá de la ciencia, es inextirpable. La razón puede pensar todo lo que quiera, relacionar conceptos sin enraizar en la experiencia (las ideas, en vocabulario kantiano) de forma coherente, es decir, sin contradicción, pero no será conocimiento científico. La metafísica así entendida es una tendencia constitutivamente humana, fruto de nuestra finitud y nuestro deseo de conocimiento absoluto, a pesar de que no podamos lograrlo.

Por último, Kant acuña el nombre de metafísica para hablar de su filosofía trascendental, en cuanto conocimiento de la razón pura por meros conceptos, como conocimiento puro de las condiciones de posibilidad. Esta es la metafísica crítica y es la que aparece en el título de algunas obras de Kant, como la *Fundamentación de la metafísica de las costumbres, La metafísica de las costumbres* o los *Principios metafísicos de la ciencia de la naturaleza*. En dichas obras se propone indagar las condiciones de posibilidad de la moral y de la ciencia, respectivamente, lo que implica aludir a la estructura de la razón cuando conoce o actúa. Escoge el nombre de metafísica porque ese análisis crítico de la razón está más allá de lo empírico, como la condición de posibilidad de este, por eso es a priori, independiente de la experiencia, universal y necesario.

Podemos concluir que la razón especulativa, en su deseo de conocimiento absoluto, encuentra una función más esencial y prioritaria: el uso práctico de la razón por el cual descubrimos la libertad, por la que la razón pone acciones en el mundo desde el deber de mejorarlo.

El límite del conocer tiene importantísimas consecuencias para la pregunta por el deber y la esperanza. Para el ser humano conocer es indagar sobre las causas. En el ámbito fenoménico todo está sometido a causas. Sin embargo, la moral, como pregunta por el qué debo hacer, exige la libertad como su condición de posibilidad, a la que Kant llama causalidad intelectual, en cuanto emerge de la espontaneidad de la razón capaz de generar un objeto (poner una acción en el mundo), sin que esto obedezca a una causa previa.

1.2. Las preguntas por el deber y la esperanza

A Kant le impresionó la demolición humeana de nociones metafísicas como la causalidad y la identidad personal, pero le insatisfacían sus propuestas y le replicó con toda una crítica de la razón. Le impresionó que comprendiera que en los objetos no radica un poder de causar el efecto, sino que es el sujeto quien efectúa tal conexión, que para Hume solo es probable y fruto de la costumbre, la memoria y la creencia de que en el futuro los hechos continuarán sucediendo como hasta ahora. Sin embargo, no aceptaba del escocés que, en el ámbito del conocimiento, concluyera con la mera apelación a la creencia y a la costumbre, pues con ello se ponía en peligro el conocimiento científico que era indudable y hasta el mismo Hume quería preservar. Pero, además, siendo Hume empirista, dejaba sin explicar cómo era posible que las leyes de asociación fueran del sujeto en general y no solo de un sujeto particular y contingente. Y apelar a la naturaleza humana no deja de ser una inducción incompleta o sucumbir a un concepto metafísico.

Kant convirtió la causalidad en una categoría del entendimiento que, necesaria y universalmente, ponemos los humanos al conocer. Insistió en que no había de confundirse la causa empírica, concreta, con el principio de causalidad. De modo que si un día, al poner la mano en el fuego, no nos quemáramos, en absoluto se demostraría la «ficción» de la causalidad, como pretendió Hume, más bien al contrario, buscaríamos la causa por la cual el fuego hoy no nos ha quemado. Una cosa es la causalidad empírica, concreta y material, y otra, la forma del conocer, la estructura a priori del sujeto, el proceder inherente a la razón cuando conoce.

Pero es en el ámbito moral donde Kant discrepa profundamente de Hume y de la filosofía británica del *moral sense*. La moralidad versa sobre la obligación, el deber, no sobre la prudencia, que se rige por lo que Kant llamará imperativos hipotéticos. Para el filósofo de Königsberg la moralidad parte del hecho de una conciencia moral que se pregunta qué debo hacer, muy distinta de la cuestión sobre qué es mejor para llegar a la felicidad, o qué me es conveniente, que es a lo que aluden los imperativos pragmáticos, de sagacidad y de habilidad. Por ello, Kant distingue entre reglas de la habilidad, consejos de la sagacidad y mandatos de la moralidad. Las primeras, reglas de la habilidad, siempre son muy útiles en términos de eficiencia para resolver problemas técnicos. Los consejos de la sagacidad tienen que ver con la psicología, o la autoayuda de hoy, o con cualquier otro tipo de disciplinas que den pautas para mejorar la calidad de vida, que no tiene por qué ser, propiamente, vida buena. La moralidad no va de sagacidad ni habilidad, manda categóricamente. Ser bueno es una cuestión distinta que ser listo o habilidoso.

Si la sagacidad fuera el criterio moral, los astutos tendrían ventajas. La igualdad de condiciones para acceder al principio supremo de la moralidad condujo a nuestro autor a partir de la vivencia de la ley moral en nosotros. Kant considera que cualquier persona corriente tiene el suficiente conocimiento moral para saber comportarse correctamente, con independencia de su cultura y su experiencia del mundo para maximizar el éxito de su obrar. El conocimiento moral común, que posee toda persona a la hora de tomar decisiones, permite a cualquier persona distinguir cuál es su deber tan fácilmente como sabe distinguir su mano derecha de la izquierda, como nos dice el mismo Kant.

Hume convirtió a la razón, primero, en una sirvienta de las pasiones y, luego, para esquivar el posible dualismo entre razón y pasiones, llegó a caracterizar a la razón como una pasión serena. Sea como fuere, la suya es una ética emotivista. La kantiana, en cambio, requiere de la razón para saber qué es lo correcto, pero es un conocimiento moral común, no de expertos ni de astutos. La cuestión de cómo relacionar la obligación proveniente de la razón que genera la ley moral con lo que Kant llama inclinaciones (sentimientos o emociones en el vocabulario actual, pasiones en el vocabulario de la ética clásica), lo llevó a defender el respeto como único sentimiento moral. Él define el sentimiento como la capacidad de experimentar placer o dolor en virtud de una representación.⁴

Ahora bien, en lo que Kant sí se tomó muy en serio a Hume es en la advertencia del escocés de lo que más tarde se denominará falacia naturalista, por la que se denuncia como ilegítimo el paso del *to be* al *to ought*. El deber no podía derivarse de los hechos empíricos. Por eso la libertad no pertenece al ámbito del conocimiento científico, sino, en un primer momento, al de las condiciones de posibilidad de la moralidad, como libertad trascendental, y, en un segundo momento, en el deber de realizarla continuamente, como autonomía, como explicaremos más adelante.

Para Kant, es indudable que toda persona se pregunta por el deber. Toda persona, desde su conocimiento moral común, descubre la ley moral como un hecho de la razón, pues no se trata de un hecho empírico, pues la ley moral no habla de lo que es, sino de lo que, necesaria y universalmente, debería ser.

El ser humano, en cuanto fenómeno, como objeto de conocimiento por parte de las ciencias empíricas, está sometido a las mismas leyes físicas que el resto de los objetos, sin ninguna excepción, tampoco en el determinismo que rige en ese ámbito. Ahora bien, ese mismo ser humano, desde el punto de vista moral, como agente que pone en el mundo acciones y objetos porque así lo quiere y dispone, es libre. Pero solo podemos concebirlo como tal en cuanto *homo noumenon*. Si

---

4 MdC VI, pp. 211-212; pp. 3-14.

en el mundo fenoménico no hay lugar para la libertad, la moral tiene a la libertad como su condición de posibilidad.

Con esa compatibilidad entre el determinismo en el ámbito fenoménico y la libertad en el nouménico, resuelve Kant el tercer conflicto de la antinomia de la *Crítica de la razón pura*. Una antinomia es un conflicto entre dos proposiciones contrapuestas que son a la vez correctas. Es un conflicto de la razón pura, como facultad de pensar; un conflicto natural e inevitable que surge del deseo de la razón de conocimiento absoluto y sistemático que, partiendo de lo absolutamente condicionado, quiere conocer hasta el final lo incondicionado.

El uso teórico de la razón nos permite hacer ciencia y conocer, progresar en el conocimiento del mundo tal como se nos aparece. Ese conocimiento universal y necesario se fundamenta en los juicios sintéticos a priori, que aumentan el conocimiento porque el predicado no está contenido en el sujeto, pero en cuanto a priori no proceden de la experiencia, que lo convierte todo en particular y contingente. El uso práctico de la razón se abre al ámbito de la libertad, que pertenece al ámbito nouménico. Por ello Kant insiste en que, si bien no se puede demostrar empíricamente la libertad, se puede demostrar su indemostrabilidad teórica y su ineludibilidad práctica.

Ahora bien, como noúmeno, el ser humano es incognoscible, para él mismo y para los otros humanos. Podemos constatar por observación empírica nuestra conducta; podemos constatar la sucesión de nuestros fenómenos psíquicos, pero somos más que todo eso que estamos viendo en nosotros y de nosotros. Por decirlo llanamente, el sujeto que mira escapa siempre a esa mirada. Por ello, como tendremos ocasión de explicar con mayor detalle en el siguiente capítulo, nadie puede conocer la verdadera intención de sus actos, el fundamento de determinación de su máxima. La llamada del oráculo de Delfos de «conócete a ti mismo» no es posible en Kant.

Kant tiene en poca estima la prudencia, seguramente, porque la concibe desde la noción empirista de Hume *(prudence)*, no desde la virtud aristotélica *(frónesis)*. En Aristóteles la prudencia es sabiduría práctica, capacidad de deliberar sobre los medios, pues los fines (la eudaimonía, el florecimiento de las mejores posibilidades de cada cual) no se escogen, vienen dados. La prudencia aristotélica es una virtud intelectual que establece los términos medios de acciones y pasiones en la virtud ética, que forja el carácter, la manera de ser. Para el estagirita es crucial la unidad de todas las virtudes.

No obstante, la principal discrepancia del filósofo prusiano con Aristóteles es el lugar fundamental que este concede a la felicidad en su ética y su política. Es muy distinto el lugar que ocupa en Kant la felicidad y cómo afronta la decisión concreta en cada caso particular a la que se dirige la *frónesis*. La ética kantiana no es la disciplina que nos enseña a ser felices, pues eso lo lograría mejor el instinto sin necesidad de razón ni obligación alguna, sino la disciplina que nos hace dignos de ella. El centro de la ética ya no lo ocupa la felicidad, sino la dignidad, que se fundamenta en la autonomía de la razón. No obstante, la felicidad seguirá siendo objeto de deseo y de esperanza, formando parte del bien supremo.

Grosso modo, podemos resumir que la ética aristotélica se centra en el tipo de persona que se es; la consecuencialista (donde destacan Hume o los utilitaristas), en los efectos de las acciones que uno hace; mientras que en la kantiana importan las acciones que se hacen. No es que a Kant no le importen ni la persona ni las consecuencias, pero lo que depende de uno es, fundamentalmente, la acción y el esfuerzo de realizarla. Como veremos, el juicio sobre la persona y las consecuencias de las acciones van más allá de lo que la voluntad en rigor puede hacer.

Cuando Kant pregunta qué nos cabe esperar una vez hecho el deber, se abre a la esperanza. Pero tampoco esta cuestión pertenece al dominio de la ciencia, sino a la posibilidad de la realidad del objeto de deseo de una buena voluntad, el bien supremo. Se espera que ningún esfuerzo por cumplir con el deber sea absurdo, es una espera esperanzada, pero emerge de los límites de la razón. Por eso dirá nuestro autor en la *Crítica de la razón pura:* «Tuve, pues, que suprimir el *saber para dejar sitio a la fe*».[5]

El conocer no puede abarcar todo el ámbito del sentido; tampoco la moral puede explicarlo todo. La fe racional es fruto de la conciencia finita de una razón que quiere y no puede. Pero la condición de posibilidad del objeto de deseo de una voluntad realmente buena exige, en el caso de Kant, de postulados, es decir, proposiciones indemostrables en la teoría, pero ineludibles en la práctica, a saber, Dios y la inmortalidad del alma. El Dios demostrado por la filosofía racionalista y que nuestro autor criticó es ahora postulado.

El cumplimiento del deber no es acreditado a ciencia cierta, porque no nos podemos conocer; ni es una inversión con garantías en una especie de mercadeo donde se obra para lograr la salvación eterna, por ejemplo. Por eso es bueno que no conozcamos que Dios existe, pues no habría valor moral en las acciones, al reducirse todo a un cálculo estratégico para maximizar éxitos. Tampoco hay garantía de que lo que hagamos por deber tenga éxito. Debe haber en la moralidad apuesta y convencimiento. Pero Dios es una condición de posibilidad de que la razón tenga sentido, de que cuando ordene sea posible en el mundo el éxito de dicha acción. Por ello la fe es racional.

Para Kant no es solo una cuestión de pensar que los humillados y ofendidos tengan en otra vida una recompensa (ya veremos el lugar que le concede al postulado de la inmortalidad del alma); o que con los ideales revolucionarios franceses se logre un mundo más libre, igualitario y fraterno. La pre-

5 KrV XXX, p. 27.

gunta por el sentido emerge de una razón que, «si debe, puede» y, a pesar de que no puede conocer ni sopesar a ciencia cierta el resultado de su acción, sí puede esperar que su esfuerzo no sea en vano. Sabe que debe, pero no sabe si ha obrado por deber, y, no obstante, hace su apuesta moral. Contra Sartre, Kant no convierte al ser humano en una pasión inútil. Al considerarlo como un ser finito, la filosofía kantiana acota los límites de lo que puede conocer, hacer y esperar, apostando por que todos esos esfuerzos tengan sentido, tanto en la vida de un individuo como a lo largo de la historia de la humanidad.

1.3. Temáticas kantianas de actualidad y consideraciones críticas

Al lector de hoy le pueden resultar un tanto extrañas las cuestiones que centran la atención de la *Crítica de la razón pura*, a saber, la de cómo es posible la ciencia y si es posible la metafísica como ciencia. Seguramente puede considerar obvia la primera, al menos porque la dependencia del mundo contemporáneo de las evidencias científicas hace difícil ponerla en duda. Y, sin embargo, sigue siendo una cuestión importante explicar cómo una razón humana, aunque ya no sea tan pura y desinteresada como la quería Kant, sea capaz de llegar a conocer con el método empírico.

Sigue siendo crucial defender la ciencia, custodiando su método, al menos en dos sentidos: en primer lugar, para combatir las continuas teorías conspirativas que faltan a la verdad o, sencillamente, no les importa (como en el caso de la posverdad). En segundo lugar, porque Kant nos insta a mantener sujeta la ciencia a los límites de lo que se puede demostrar con evidencia, con hechos. Como la condición de posibilidad de la ciencia es acatar las normas que, al tiempo que la posibilitan, la limitan, hay que preservar la integridad científica, acatar las normas que hacen posible la ciencia, que se debe a la verdad, cual brújula axiológica que la orienta.

Al acotar qué podemos conocer científicamente y qué no, Kant nos permite proteger la ciencia de ciertos derroteros y desorientaciones. Así, por ejemplo, una cosa es que la actual neurociencia pretenda explicar cómo funciona el cerebro e intente, como debe ser, explicar las causas que hacen que un individuo actúe de una manera o de otra; y otra es que de ahí se pretenda demostrar la imposibilidad de la libertad. Dicho de otro modo, si defendemos la libertad y la responsabilidad por las acciones, siempre habrá cierto misterio en por qué una persona obró de esa manera, qué se le pasó por la cabeza y la voluntad.

El transhumanismo, buscando la mejora a golpe de modificación genética, pretende pasar de la *chance* a la *choice,* del azar a la elección, pero sigue necesitando una libertad que da por supuesta. Debería cuestionarse si de facto, por modificación genética, se pone en peligro aquella *choice* arremetiendo contra una condición humana que es libre sin saber cómo es ello posible más que por la moralidad; moralidad que alguno quiere inculcar ya desde la base biológica o genética para así ahorrarnos el esfuerzo moral de educar. Para Kant eso sería la muerte de la moral.

En todos estos casos nos enfrentamos con los límites de conocer. Recordemos que no son estos meros límites empíricos, contra los que el progreso científico quiere continuamente arremeter, sino estructurales, formales, constitutivos de la razón humana. Kant no nos habla de los límites personales, subjetivos, biográficos, por los que nos proponemos metas y retos para superarnos. Tampoco se refiere a los límites de una época o una cultura. En ambos casos hay que atreverse a pensar y a trasgredir esos límites. Nuestro autor habla de los límites trascendentales. En los límites personales y de la época, o sea, los particulares, grupales, contingentes y, por tanto, falibles, hay alternativa, podría ser de otra manera. Pero los límites trascendentales son la condición de posibilidad de poner en jaque aquellos al mismo tiempo que se mantiene la actitud emancipatoria de la razón. Por eso consideramos irrenunciable su defensa de la metafísica como discurso sobre las condiciones de posibilidad, su deseo de ahondar en los fundamentos. Otra será la función de la filosofía en general y de la ética en particular, si renunciamos a la crítica de la razón, una razón que es el objeto de estudio y al mismo tiempo el sujeto que analiza. Se trata de una crítica que cuestiona incesantemente por qué es así y no de otro modo, más allá de la autocomplacencia personal, más allá de la concertación exitosa de individuos en busca del bienestar. Sin crítica, con la mera aceptación de las tradiciones morales, la filosofía muere.

Por decirlo con una metáfora nietzscheana, pero kantianamente interpretada, se puede usar un martillo para destruirlo todo, pero el martillo es la condición de posibilidad del martillear: el martillo es trascendental. Podremos mejorarlo, dotarlo de mayor poder, pero, si lo lanzamos por la borda, no hay cómo aporrear. Ese martillo es la crítica de la razón que nos ha legado Kant.

Se ha criticado a Kant el dualismo en el que se incurre con la distinción de fenómeno y noúmeno, pues nos lleva al dualismo y a las continuas problemáticas a que nos aboca, a saber, cómo se comunican las dos partes, cómo se supera la escisión. No obstante, debemos recordar que la de Kant no es una distinción de objetos, sino del punto de vista sobre ellos. El motivo era acotar los límites de lo que no podemos conocer, lo que permanece más allá de las capacidades humanas, y las posibilidades que aquella imposibilidad abre para la moral.

Ciertamente, el dualismo en los puntos de vista le es muy fructífero filosóficamente a nuestro autor, no solo le permite acotar lo que se puede o no conocer, lo que se puede o no hacer normativamente, sino que consigue compatibilizar las tesis con las que conducía el tercer conflicto de la antinomia, entre determinismo y libertad, tesis y antítesis que nos son tan necesarias. Se le ha criticado al de Königsberg acertadamente que su razón sea pura y su crítica de la razón, un tanto ahistórica. Cabrá esperar a Hegel para que la historia penetre en el mismo concepto de razón. Y cabrá reconocer que hasta la razón tiene intereses, entre ellos el emancipatorio que él mismo de algún modo ya reconoció. En efecto, la razón no es tan pura como pretendía Kant, pues requiere de crianza, contexto y situación, pero sigue siendo necesario el ejercicio crítico de distanciarse incluso de esas condiciones, históricas e ineludibles, que son el punto de partida, pero no deben ser el punto de llegada.

Seguramente Kant fuerza partes de su teoría para que le encaje el sistema filosófico, pero tiene virtudes concebir un sistema, proponer una visión holística. Cierto que con Hegel se termina la filosofía sistemática, aquella que intenta pensar el todo. Sin duda que la complejidad y la aceleración de conocimientos en nuestra sociedad dificultan tamaña tarea y la conciben como inabarcable.

No obstante, el deseo de ofrecer una visión sistemática no es en absoluto desacertado. Sin pretender imponer una única visión global, es de agradecer al menos el intento de tener una visión del todo lo más coherentemente posible. En concreto, es loable que Kant quiera compatibilizar el progreso del conocimiento con sus límites, límites que difícilmente podremos superar, aunque aumentemos el conocimiento. Es loable que subraye el afán de conocer lo incondicionado, el todo, aun a sabiendas de su fracaso.

Es esta una manera de señalar, en palabras de Hartmut Rosa, lo indisponible, que nunca todo está bajo nuestro control.[6] Es una manera de advertirnos de que la euforia tecnocientífica puede descarriarse si no sirve a los fines a los que debe servir, a saber, la amplitud del conocimiento empírico, para liberarnos de ignorancias, supersticiones, dogmatismos, poniendo el mundo un poco más a nuestra disposición. Aun así, nunca nadie lo podrá dominar todo ni dejar de estar en riesgo de ser dominado. Asimismo, es una manera de recordarnos siempre que las morales sirven al propósito de la dignidad y a la esperanza, no al confort ni al mero utilitarismo.

La ventaja de esta filosofía sistemática de Kant es que quiere dotar de unidad lo importante, que es el ser humano, y este se desarrolla respondiendo a las tres preguntas, por el conocer, el obrar y el esperar, que de verdad y en justicia importan porque nos orientan siempre, nos humanizan.

6 Rosa, H., *Lo indisponible*, Barcelona, Herder 2021.

2. La fundamentación del deber moral: dignidad y autonomía

En la conclusión de *la Crítica de la razón práctica* Kant sintetiza bellamente cuáles son dos de los objetos de reflexión que más le han cautivado: «Dos cosas llenan el ánimo de admiración y respeto, siempre nuevos y crecientes cuanto con más frecuencia y aplicación se ocupa de ellas la reflexión: el cielo estrellado sobre mí y la ley moral en mí».[1] El cielo estrellado alude al cosmos, un mundo que podemos conocer en su dimensión fenoménica, pero no en sí mismo, tal y como es. Los seres humanos formamos parte de él y, como el resto de los objetos, estamos sometidos a las mismas leyes naturales. La ley moral, en cambio, la encontramos en nuestro interior. Kant se propone averiguar cómo el ser humano genera una ley a la que él mismo se obliga. Así surgirá la noción de autonomía que fundamenta la dignidad en la ética kantiana, desplazando el centro que habían ocupado en las éticas tradicionales la naturaleza, la felicidad o Dios.

Ciertamente, hasta Kant la ética versaba sobre la vida buena, que tenía por objeto la felicidad, aunque esta fuera concebida de muy diversas maneras. Así, para Aristóteles, por ejemplo, la felicidad, eudaimonía, consistía en el florecimiento o la autorrealización, en llegar a la mejor posibilidad que uno puede ser. Para el hedonismo de Epicuro, se trataba de lograr la ataraxia, el gozo. Incluso para los estoicos, que renunciaban a una feli-

[1] KpV V, p. 161; p. 223.

cidad entendida como satisfacción de los deseos y defendían la virtud por ella misma sin esperar recompensa (lo que los aproxima a la noción de deber de Kant), encontraban felicidad en la serenidad de haber renunciado a los placeres. En último término, para todos ellos, la ética era la disciplina que nos enseña a ser felices; la virtud, la práctica de buenos hábitos, era el indispensable medio para alcanzarla, mientras que los vicios son los malos hábitos que nos desvían. Así será también para el resto de las éticas que vendrán después, más o menos variaciones de estas tres escuelas griegas. Hasta que llega Kant. El prusiano hace la revolución copernicana también en ética. Como ya hemos anunciado, no será la felicidad el objeto principal de su filosofía moral, sino la dignidad. La ética no trata de lograr la felicidad, ni siquiera por saberse virtuoso, pues ya explicamos que el agente moral, al tener que ser pensado desde el punto de vista nouménico, no podría conocer a ciencia cierta la autenticidad de su esfuerzo por obrar bien.

A Kant le disgustaba el emotivismo que imperaba en las éticas hedonistas que veía en el empirismo británico, entre otras razones porque o bien incurrían en la falacia naturalista de la que ya advirtió el mismo Hume, o sencillamente cambiaban el concepto de deber por el de conveniencia. En un cálculo estratégico de utilidad desaparece la noción de obligación, la ligazón *(ligatio)*, el compromiso, con lo que se tiene delante *(ob)*.

Kant insiste en que las inclinaciones no dependen de nosotros. No puede derivarse de ellas nada universal ni necesario como lo que va buscando: el principio supremo de la moralidad que debe tener forma de ley, esto es, que manda como un principio objetivo del querer. La ley moral debía ser, como tal, ley, un principio universal y necesario, independientemente de las contingencias y las particularidades del sujeto y su contexto. Por ese motivo, y contra lo que defiende Hume, no podían ser ni el sentimiento, que va y viene, ni tampoco las meras costumbres y tradiciones las que dieran razón de la validez de la moral.

La Revolución francesa, junto con los inmensos cambios que se sucedían en la época de Kant, requería que se pensara la cuestión fundamental: ¿qué es lo que hace que una moral sea respetable, más allá del amplio asentimiento con el que cuente, o el placer, la conveniencia, el confort o la felicidad que proporcione? La respuesta no puede ser una apelación empírica a un pragmatismo del tipo «ya nos va bien» o «nos funciona para vivir cómodamente». Con una respuesta así se confunde vigencia con validez, legalidad con legitimidad, además de que, más allá del interés subjetivo y relativo (según quién y respecto de qué), no se da razón del deber, de la obligación universal y necesaria. Tampoco puede aceptarse como respuesta la mera decisión tomada, aunque la adoptara la mayoría; el hecho de tomarla no la convierte en legítima sin más, pues tanto puede ser respetable como no serlo. En eso consiste la falacia voluntarista.

Para Kant se trata de fundamentar, de explicar por qué, en último término, debemos obedecer unas normas y no otras; él quiere saber qué es lo que convierte en válida una norma. En resumidas cuentas, para el pensador alemán el deber no resulta de un cálculo estratégico para maximizar la felicidad. Como ya anunciamos, para la felicidad ni siquiera haría falta la razón, nos bastaría con el instinto.

2.1. Fundamentar la moral

Las éticas anteriores a Kant se fundamentaban en el canon natural, la naturaleza era el modelo a seguir. Vivir bien era vivir según la naturaleza. Ajenos a la falacia naturalista que denunciaba Hume, lo natural era bueno, bien porque el mundo es bueno, es cosmos, un mundo bien ordenado; o bien porque esa naturaleza, ya concebida por el cristianismo como creada, es buena en cuanto obra de Dios. En ambos casos el mal entra en el mundo por la voluntad humana que se desvía de la ley natural. Con independencia de las diversas maneras de concebirla, para Kant no se puede fundamentar la moral en la nturaleza. En primer lugar, porque pretender derivar el deber del ser, el derecho del hecho, como ya denunció Hume, es un salto ilógico, improcedente (falacia naturalista). En segundo lugar, porque, si por naturaleza se entiende el conjunto de los objetos, en cuanto conjunto, como totalidad, es un objeto metafísico y, por ello, incognoscible; y algo que desconocemos no nos puede servir de canon moral. Pero, si por naturaleza se alude al conjunto de los fenómenos tal como los estudia la ciencia natural, en ella, no hay libertad. Y, si no hay libertad, no hay lugar para la pregunta fundamentalmente moral, que es ¿qué debo hacer?

Para mucha gente, durante mucho tiempo y todavía hoy, comportarse bien es sinónimo de comportarse como Dios manda. De hecho, predominantemente las morales históricas han sido en su mayoría religiosas. Para Kant, sin embargo, tampoco se podría fundamentar el deber en la obediencia a Dios, tradicional autoridad moral y garante de la felicidad, pues las preguntas fundamentales siguen sin ser respondidas: ¿por qué obedecerlo?, ¿algo es bueno porque lo manda Dios?

Según la opción que defiende que algo es bueno porque Dios lo manda, habría que preguntar todavía por qué hay que obedecerlo, lo que nos lleva a una pregunta metafísica y religiosa. Como vimos en el capítulo anterior, en la *Crítica de la razón pura,* Kant considera la metafísica dogmática una mera especulación sin fundamento. No podemos saber que Dios existe ni que manda bien. Pero, si la respuesta es religiosa, la moral es una cuestión de fe, y, como cada cual tiene la suya, sucumbimos al relativismo de las creencias y, con él, a la muerte de la ética como pretensión de fundamentar un principio supremo de la moralidad, pues, si todo vale, no vale nada; y, si lo que vale es porque es lo mío, no hay fundamentación, al incurrir en falacia voluntarista.

Pero, si Dios manda lo que ya es bueno, habría que fundamentar qué es lo que lo hace bueno objetivamente, lo que nos lleva a considerar dicho objeto desde el punto de vista fenoménico, y allí no hay elección, no hay libertad, no hay moral. Pero, si aludimos al objeto desde el punto de vista nouménico, este es incognoscible, desconoceríamos por qué es bueno en sí mismo. En definitiva, la pregunta por qué obedecer a Dios va a depender de una decisión personal, con lo cual es el creyente quien le otorga la autoridad moral.

Para el filósofo de Königsberg, Dostoievski se equivocará. Es posible, así lo va a demostrar, fundamentar una ley moral más allá de objetos y de Dios. Por eso inició la inmensa tarea de la crítica de la razón pura. Él quiere fundamentar el principio supremo de la moralidad.

Insistamos, pues, en que la ética kantiana se distingue de las anteriores por que la ley moral no deriva de la naturaleza, no deriva de Dios; ni deriva de la experiencia contingente de los intereses particulares; tampoco de las convenciones de una época, o de los consensos más o menos vigentes, aunque tengan éxito en el logro de los fines de un grupo. No es lo otro, un objeto, ni siquiera una afectación en nosotros que no podemos más que constatar, o el otro, un sujeto, quien nos debe dar la norma moral. Todas esas posibilidades nos conducen a la heteronomía, dejando sin responder a la pregunta por qué debo obedecerlas. A la hora de fundamentar la moral, en ninguna de esas posibilidades se da razón de un principio objetivo, universal y necesario, una ley, de modo que no se explica cómo sea posible la moralidad, la ley moral en nosotros.

La pregunta propiamente moral para nuestro autor es qué debo hacer, es específicamente distinta de qué me interesa o qué me es conveniente; o de qué dice el juez o Dios sobre lo que debo hacer. La pregunta interpela en primera persona del singular, qué digo yo que debo hacer; y, como iremos desgranando, la respuesta será la autonomía.

Así se distinguen las éticas llamadas prudenciales, con un concepto de razón estratégica, calculadora de los medios más adecuados para conseguir unos fines, normalmente la felicidad, de las éticas que hoy conocemos como deontológicas, como la de Kant, para las que el auténtico objeto de la moral es el deber, el deber de ser digno de la felicidad. Kant constata que la noción de deber cambia según las teorías éticas. Para aquellas teorías éticas que buscan estratégicamente mejorar el impacto, el deber radica en buscar la felicidad o el bienestar del máximo número de personas. Para Kant estos imperativos son hipotéticos, obedecen a una máxima del tipo «si quieres A, haz B», de forma que «haz B» solo manda a condición de que, previamente, se acepte A, lo cual depende de cuán interesante resulte A al sujeto. Según estos imperativos, dado un determinado fin, sea la felicidad, sea la solución a un problema como podría ser, por ejemplo, una enfermedad (imperativos de la sagacidad o de la habilidad, respectivamente), se trata de disponer de los medios más adecuados para lograr aquellos fines.

Pensemos, por ejemplo, en un sacerdote que fundamentara el mandamiento de no mentir en la máxima «Si quieres la salvación eterna, no mientas». La hipótesis, el condicional «si quieres», un hecho empírico y contingente, cambiante según los sujetos, sus apetencias y sus circunstancias, determinará la validez del mandato de no mentir. Desde el momento en que alguien no esté interesado en la salvación eterna, el imperativo de no mentir no le será vinculante, no estaríamos, pues, ante una *obligatio*.

Nuestro filósofo se propuso buscar en la razón la posibilidad de legislar la ley moral. Había de partir del *homo noumenon,* únicamente en él era posible la libertad. Y debía comenzar por lo que él llama «conocimiento moral vulgar» o «común», el de la persona corriente. Esta, que somos todos y cualquiera, se hace la pregunta ¿qué debo hacer? Según Kant, cualquier persona sabe en su interior de la llamada del deber, de la ley moral. Aplicando el método trascendental, la indagación consistirá en averiguar cómo este será posible. Él considera que la condición de posibilidad de la moralidad es la libertad. Y por aquí comienza su fundamentación. El deber implica poder: «Si debo, puedo». Lo que significa tanto que puedo escoger como que puedo llevar a cabo mi elección. La *Fundamentación de la metafísica de las costumbres* es la obra que mejor explica ese proceso. En la *Crítica de la razón práctica* desarrolla algunas ideas más, pero el núcleo de la ética kantiana se centra en esa corta, densa e intensa obra que Kant escribió en 1785. En ella se afirma que la ley moral es un imperativo, pero incondicional, un imperativo categórico, que manda al universo de las personas y necesariamente, con independencia del sujeto concreto que sea y de su circunstancia particular.

2.2. La ley moral como hecho de la razón

Como venimos explicando, Kant constata que descubrimos la libertad no en el ámbito fenoménico, donde buscamos la felicidad, sino en la moralidad, en cuanto vivencia indudable por la que nos preguntamos sobre cómo obrar. Es en la vivencia de la obligación, en el momento de cuestionarnos qué debemos hacer, que descubrimos la libertad. Dicho de otro modo, descubrimos que nosotros, en cuanto sujetos racionales, cuestionamos nuestro obrar; que este no está determinado por las causas, aunque lo condicionen, sino que somos nosotros mismos quienes decidimos qué hacer. Como enseguida veremos, considera que esa vivencia de la ley moral en nuestro

interior es un hecho, algo indudable, pero no un hecho empírico, sino lo que él llama un «hecho de la razón».
Dado que no es posible decidir propiamente sin libertad, descubrimos la libertad en la moralidad. De ahí la afirmación kantiana de que la razón por la que conocemos la libertad, la *ratio cognoscendi,* es la moralidad. No constatamos la libertad por experiencia empírica, sino por sabernos agentes morales, es decir, por la razón práctica. En la *Fundamentación de la metafísica de las costumbres,* Kant defendió que la libertad es un postulado, es decir, una idea o concepto puro de la razón, posible en la medida que no es contradictorio, que no se puede demostrar teóricamente, científicamente, pero que es ineludible para la razón práctica, en cuanto indudable condición de posibilidad de la moralidad.

Más tarde, sin embargo, en la *Crítica de la razón práctica,* abandona esta afirmación y convierte la libertad misma en un hecho de la razón. Si la moralidad es un hecho cuya condición de posibilidad es la libertad, esta es también un hecho de la razón. Existe una interesante discusión entre los estudiosos kantianos sobre si Kant postuló la libertad o más bien la dedujo de la moralidad; o si no logra ni lo uno ni lo otro. De la misma manera se discute si hay un cambio de parecer o hay continuidad entre la *Fundamentación de la metafísica de las costumbres,* la *Crítica de la razón práctica* y la *Crítica del juicio.*

Sea como fuere, lo crucial, al mismo tiempo que paradójico, de esta fundamentación kantiana de la moral, es que la liberad sea la *ratio essendi* de la moralidad, es decir, que lo que principalmente mande la moralidad es que seamos libres, más concretamente, que no obedezcamos más normas que las que nosotros mismos nos hayamos dado.

El punto de partida de Kant es el hecho de la razón por el cual la ley moral se encuentra en cada uno de nosotros, en cuanto personas corrientes, por conocimiento moral común, la hallamos en nuestro interior. Lo que hace seguidamente, en calidad de filósofo, al observar ese hecho, es retrotraerse a la estructura de la voluntad para explicar cómo es posible ese hecho de la razón.

Dado que la moral radica en el deber, lo que convierte en buena la voluntad es el cumplimiento del deber por deber. Por eso el libro de la *Fundamentación de la metafísica de las costumbres,* en el capítulo primero, comienza con un muy conocido e interesante aserto:

> Ni en el mundo ni, en general, fuera de él es posible pensar nada que pueda ser considerado bueno sin restricción excepto una buena voluntad. El entendimiento, el ingenio, la facultad de discernir, o como quieran llamarse los talentos del espíritu; o el valor, la decisión, la constancia en los propósitos como cualidades del temperamento son, sin duda, buenos y deseables en muchos sentidos, aunque también pueden llegar a ser extremadamente malos y dañinos si la voluntad que debe hacer uso de estos dones de la naturaleza y cuya constitución se llama propiamente carácter no es buena. [...] La buena voluntad no es buena por lo que efectúe o realice ni por su aptitud para alcanzar algún determinado fin propuesto previamente, sino que solo es buena por el querer, es decir, en sí misma, y considerada por sí misma es, sin comparación, muchísimo más valiosa que todo lo que por medio de ella pudiéramos realizar.[2]

Como puede apreciarse en el texto citado, la moralidad no versa sobre la suerte, ni sobre la felicidad sino, fundamentalmente, sobre la buena voluntad, la que forja un carácter bueno. Y la buena voluntad no es la que quiere el bien, sino

2 FMC IV, p. 392; pp. 53-54.

la que quiere bien, es decir, es buena por su forma de querer. Analicemos detenidamente qué significa esta afirmación.

La voluntad que quiere bien es aquella que no obedece a más ley que la que ella misma, como razón, genera por su capacidad de pensar; pero, al ser una voluntad afectada por las inclinaciones, al ser una voluntad sensible (no santa), vive como deber la ley que espontáneamente ha legislado. En la *Metafísica de las costumbres,* una obra escrita en 1797, Kant precisa una distinción, entre voluntad y libre albedrío, que va a resultar muy instructiva para entender cómo es posible esto, es decir, que la misma voluntad que quiere la ley, al mismo tiempo, que se la tenga que imponer como deber. Igualmente nos permitirá comprender por qué la razón práctica o es pura o no puede ser práctica, como afirma en la *Crítica de la razón práctica,* en cuyo título ya no consta el adjetivo *pura.*

Nuestro filósofo hace un análisis sobre lo que pensamos y hacemos al obrar. La facultad de desear o de querer (voluntad en sentido genérico) lleva a cabo dos funciones o tareas. En un primer momento, desde su función legislativa, quiere saber, y por ello se pone a pensar, como razón que es, en qué consiste que un deseo sea bueno. Los objetos del querer son infinitamente variables y su conocimiento, por empírico, no puede fundamentar la ley moral. Querer bien significa que, prescindiendo de quién sea el sujeto que quiera obrar, y del objeto que se proponga hacer, lo que da legitimidad al sujeto y a su acción (que son materiales por concretos y empíricos) es la universalidad del deseo, es decir, que todos, cualquier ser racional, lo puedan querer. Para Kant lo que es bueno es la forma del querer, lo que significa que la voluntad quiera sin contradicción. Es la forma del querer lo que lo convierte en legítimo. De ahí que se diga que mientras el resto de las éticas anteriores a Kant eran materiales, decían lo que se debe hacer, la kantiana es una ética formal.

2. La fundamentación del deber moral: dignidad y autonomía

Según Kant, toda persona que se pusiera a pensar en qué consiste querer bien, buscando una ley para el querer, es decir, un principio objetivo, universal y necesario, concluiría a priori, independientemente de la experiencia, que la voluntad será buena si quiere universalmente. En eso consiste para Kant la ley del querer que legisla la voluntad. De modo que la corrección del querer no consiste en la materia, en qué se quiera, ni tampoco en quién sea el que quiere; todo ello es algo empírico y variable. Esta voluntad que piensa en abstracto, que analiza la estructura o forma del querer, es la razón pura. Es la voluntad en sentido restringido y distinta de la voluntad genérica, que también engloba el libre arbitrio. Esta función legislativa la hace la voluntad, entendida en sentido restringido como razón pura, con independencia de las circunstancias particulares, quiere pensar en qué consiste querer bien. Luego, sabrá qué debe escoger cuando esté en la situación concreta de la vida cotidiana. Al legislar, no es libre de no legislar la ley moral, pero la legisla ella, en su tarea de pensar como razón pura. La voluntad, espontáneamente, crea la ley moral. Cualquier sujeto que haga ese análisis, esa crítica de la facultad de la voluntad, llegará, según Kant, a la misma conclusión.

Cuando nos encontramos ante la tarea de ejecutar una acción, la voluntad en su función ejecutiva, en las circunstancias concretas, constatamos las tentaciones o las presiones. Ahora no se trata de la función legislativa de la razón pura, de pensar la ley moral, en abstracto, sino de ejecutar una acción y por un motivo, siguiendo una regla de acción. Kant alude entonces al libre albedrío y sus máximas. Máxima es el principio subjetivo del querer, la regla de acción, la directriz concreta que sigue un sujeto. Esta contiene un fundamento de determinación, es decir, un porqué se lleva a cabo la acción, por qué motivo se determina a actuar, y una acción concreta, una materia. Es ahora cuando, al verse influida por las inclinaciones, la misma ley que había promulgado la voluntad en cuanto razón pura, ahora es vivida desde el libre albedrío sensible como deber.

El libre arbitrio es la voluntad en ejercicio, escogiendo en una circunstancia particular qué hacer, qué regla o directriz seguir. Ahora, en contexto, puesta la voluntad en situación, el arbitrio es sensible, no razón pura. Es sensible, porque las inclinaciones (emociones, sentimientos) le afectan en su decisión; y es libre, porque puede decidir la acción a realizar y el fundamento de determinación para realizarla. Como libre arbitrio sensible vive la ley moral en su interior como deber y la siente con respeto.

Los fundamentos de determinación, los motivos últimos por los que decidimos actuar, pueden ser muy variados. Pero en las concatenaciones de motivos (hacemos esta acción por este motivo, que escogemos, a su vez, por esto otro...), los fundamentos de determinación se pueden reducir, a fin de cuentas, a dos, claramente distintos: el deber, la convicción de que así debe ser para cualquier ser racional; o el placer, la constatación de que nos gusta. A la hora de averiguar el valor moral de las máximas, para Kant lo crucial no será la acción, que se ve, que se constata empíricamente, sino el motivo por el que se hace, es decir, el fundamento de determinación, que no se ve, porque reside en la interioridad de las razones para obrar, una interioridad que no es la del *homo phaenomenon*.

El libre arbitrio sensible puede escoger el fundamento de determinación: el deber (la ley moral) o la inclinación (el placer). Es libre de seguir o no la ley moral, pero no es libre de decidir cuál es la ley moral, de la misma manera que alguien puede decidir ser coherente o no, pero no en qué consiste la coherencia. No obstante, incluso cuando no sigue la ley moral, no deja de reconocer la autoridad moral de aquella, por eso se experimenta remordimiento de conciencia.

Pongamos un ejemplo. A la hora de elegir a los candidatos más adecuados para un puesto de trabajo, con cierta facilidad y rapidez acordamos los criterios a aplicar. Si, para escoger al mejor, imparcialmente y con objetividad, sin conocer a esos candidatos, aplicáramos los baremos, enseguida resolveríamos a quién conceder el puesto. Pero, si se descubren los nombres de las personas candidatas, y alguien conoce personalmente a algunas de ellas, se empiezan a discutir los criterios, objetivamente escogidos, al sentirnos influidos, *inclinados,* por otros motivos que los que a priori, previamente y con independencia de los candidatos, sabíamos que eran los mejores criterios. Aparece así la encrucijada: los criterios acordados en la función legislativa, imperativa a la hora de la ejecución, son cuestionados cuando conocemos a los candidatos.

Ya hemos avanzado que la buena voluntad es la que cumple el deber por deber. Pues bien, eso solo sucede cuando el fundamento de determinación es la ley moral vivida ahora, por el influjo en la sensibilidad, como deber. Solo en ese caso la máxima, el principio subjetivo del querer, tiene valor moral. Cuando la máxima tiene por acción la misma que se derivaría del imperativo categórico, pero no el mismo fundamento de determinación, pues obra por interés, no por deber, no la vemos con un imperativo hipotético en el que, si cambian las condiciones, cambiaría la acción. Para el filósofo de Königsberg, esas máximas no tienen verdadero valor moral. Las máximas son claramente inmorales cuando ni la acción ni el fundamento de determinación son los correctos.

Kant llama «facultad superior de desear» (y aquí «superior» significa moralmente mejor) a una voluntad (en sentido genérico englobando la razón pura –voluntad en sentido restringido– y el libre arbitrio sensible) coherente, porque ejerce la autonomía, es decir, no obedece a más ley que la que ella misma promulga como razón pura. En ese caso, la voluntad es buena porque el libre arbitrio sensible, al escoger la máxima por la que se decanta, elige como fundamento de determinación el deber, es decir, la ley moral promulgada. Si ahora la vive como deber es porque, en cuanto sensible, ya no como razón pura, constata los inconvenientes de tal proceder y le cuesta, al tener que dejar en un segundo lugar el ímpetu de las inclinaciones. Por esa coherencia interna, por ese alineamiento en la ejecución del libre arbitrio sensible con la función legislativa, la razón pura deviene práctica. En la facultad superior de desear la voluntad es buena porque es autónoma, cumple el imperativo categórico, sin esperar nada de su acción: actúa conforme al deber y por deber.

Nuestro autor llama «facultad inferior de desear» a una voluntad en la que no se da el alineamiento entre la función legislativa y la ejecutiva. Dicho de otro modo, la voluntad no es buena cuando el fundamento de determinación no es el deber, aun cuando la acción coincida con la que se llevaría a cabo desde el deber. En ese caso se actúa conforme al deber, mas no por deber.

Kant, en la *Fundamentación de la metafísica de las costumbres,* ilustra esta distinción con dos ejemplos. De dos comerciantes, ninguno de los cuales cobra precios abusivos a sus clientes, de forma que hasta un niño podrá ir a comprar sin miedo a que abusen de su ingenuidad. Uno lo hace por puro respeto al deber, pues lo correcto es no abusar de los clientes, son las normas de un mercado justo basado en la confianza, como debe ser universal y necesariamente. El otro hace lo mismo, no abusa del cliente, ni aun cuando fuera un niño, pero el motivo por el que lo hace es el mero interés de mantener el negocio, y bien cambiaría su directriz o máxima si pudiera abusar sin consecuencias dañinas para lo que le importa, el negocio. Solo la máxima del primero tiene valor moral, pone interés en la acción, pero no obra por interés, sino por respeto al deber. Se rige por el imperativo categórico: nadie, nunca, debería abusar de sus clientes. El otro entra en cálculos estratégicos de si es inteligente o prudente hacerlo. Se rige por imperativos hipotéticos.

El segundo ejemplo de Kant es aún más radical. Nos dice que la mayoría de las personas vivimos por inclinación, que el placer de vivir seguramente es el principal motivo para mantenerse en vida. Pero en este caso la vida no tiene valor moral. Solo la tendría para aquel que, dadas las trágicas condiciones a las que se ve expuesto y la pesada carga que debe soportar, la vive por deber. En línea con el pensamiento estoico, para el pensador alemán, cuando la vida nos pone a prueba de verdad, el deber de vivir radica en no claudicar. Así afirmamos el valor moral de vivir.

Ejemplos como este último han alimentado la opinión de que la ética kantiana es despiadada por falta de sentimientos. Schiller la satirizaba en un epigrama titulado «Escrúpulo de conciencia» diciendo que, si al ayudar al amigo experimentamos placer, seríamos censurados por poco virtuosos.[3] Nada más lejos de Kant que esa sistemática represión de los sentimientos. Por decirlo llanamente, para la ética de Kant lo reprochable es actuar por sentimientos, porque actuar con sentimientos es inevitable. El motivo de la llamada a la autocontención es rechazar la compulsividad, porque hemos de ser agentes de nuestras acciones, no meros receptores reaccionando a estímulos que inevitablemente constatamos en nosotros.

No hay duda de que también puede haber un deber que nos guste hacer, pero la clave está en el motivo último por el que se hace: si es porque gusta, entonces no es propiamente un deber; y el día que dejara de gustarnos estaríamos legitimados a dejar de hacerlo. A este respecto, Kant reconocía que el simpático de Epicuro siempre podría tener razón: si siempre que cumplimos con el deber experimentamos placer, ¿cómo sabemos que fue el deber y no el placer el motivo por el que se hizo? La respuesta de Kant es clara: no lo podemos saber.

3 Schiller, F., *Schillers Werke*, Nationalausgabe, Weimar, Hermann Böhlaus, t. I, 1962, p. 357.

No nos es accesible en la ética kantiana ese conocimiento de sí del *homo noumenon*. Solo en aquellos casos en los que el cumplimiento del deber no vaya acompañado de placer, tendremos más razones para creer que nuestras intenciones son auténticamente morales. Cuando nos guiamos por la razón, el criterio es uno y el mismo para cualquier ser racional necesariamente: la universalizabilidad del deseo, que este pueda ser querido por todos. En cambio, los sentimientos cambian y no dependen de nosotros. Por eso distingue Kant el «amor patológico» del «amor práctico». Lo llama «patológico» porque nuestro papel en él se limita a constatarlo, a ser afectados. En ese tipo de amor, somos *pacientes* en la medida que pasivos, pero no propiamente agentes morales. Lo critica no porque sea malo en sí, sino porque no depende de nosotros. Así lo resume en la *Metafísica de las costumbres:* «El amor es cosa del sentimiento, no de la voluntad, y yo no puedo amar porque quiera, pero todavía menos amar porque deba (ser obligado a amar); de ahí que un deber de amar es un absurdo».[4]

El amor práctico, en cambio, es el que se debe proponer como deber, porque es libre; ese sí depende de nosotros y, por eso, es *práctico*. El amor práctico es el que es posible por la libertad, y en este caso sí podemos hablar de un deber de amar porque, independientemente del sentimiento, se respeta a la persona. Si hiciéramos depender el trato adecuado que debemos a las personas de los vaivenes sentimentales, de forma que, si hoy amamos a alguien lo tratamos bien, pero, si *se nos acaba el amor*, estaríamos legitimados a dejar de hacerlo, no digamos ya a tratarlo mal, sino simplemente a no tratarlo (ser indiferentes), la moralidad de las relaciones desaparecería secuestrada por la emotividad.

4 MdC VIII, p. 401; p. 257.

Los humanos constatamos el sentimiento y decidimos si darle o no rienda suelta. El sentimiento es relativo a cada uno; cómo nos afectan las cosas varía de un individuo a otro, y a lo largo de la vida del mismo individuo, y no siempre está a nuestra disposición variarlo. Tampoco quiere sucumbir Kant a la afirmación de que hay un sentimiento universal inherente a la naturaleza humana, como es el caso de la empatía de Hume, por ejemplo, pues nos remite a una mera constatación empírica de cómo se comporta en general el humano. Todo esto sin descartar que no se sabría explicar la existencia de personas no empáticas si, por naturaleza, deberían serlo. Por no olvidar que en todos estos casos se incurriría en falacia naturalista y no se podrían explicar la necesidad y la universalidad inherentes a una ley.

Sin embargo, como ya explicamos en el capítulo anterior, a pesar de que la razón se alza hacia lo abstracto y puro en la ley moral, es capaz de conmover. El único sentimiento moral que aceptó Kant es el de respeto, porque es el efecto de la ley moral en la sensibilidad, y no la causa de la ley moral. No es porque respetamos que la ley deviene moral, es porque es ley que genera en nosotros el respeto. A la pregunta ¿cómo puede ser que una ley moral proveniente de la razón, como capacidad de pensar, y que no manda más que la universalidad del deseo, pueda tocar la sensibilidad y llegar a conmoverla? Kant contesta, honesta y humildemente, que no lo sabe; no lo puede explicar y se limita a constatarlo. La ley moral en nosotros genera el sentimiento de respeto y solo ese sentimiento.

De ese modo, no sabemos, ni lo podemos saber, cómo una ley de la razón conmueve, pero lo hace. Ese no saber cómo es posible el impacto de la razón pura en la sensibilidad forma parte del misterio que es constitutivo de la condición humana. Se evidencia de nuevo en esta cuestión que la filosofía crítica consiste en un acotar y aceptar límites. No obstante, y a pesar de ser un misterio cómo la razón con su ley moral causa un sentimiento de respeto, sí se explica por qué tiene que ser la razón la que lo genera. Si fuera el sentimiento la causa de la ley moral, volveríamos a las problemáticas de la heteronomía, de lo que no depende de nosotros, y con ello a la imposibilidad de la libertad y la moralidad por la que conocemos aquella.

2.3. Las fórmulas del imperativo categórico

Detengámonos ahora a averiguar qué es lo que manda exactamente el imperativo categórico o, dicho de otro modo, en qué consiste en concreto cumplir con el deber. Kant formula el imperativo categórico (las distintas maneras de expresar la ley moral) de hasta cinco formas diversas, que, esencialmente, se pueden reducir a tres: la fórmula de la universalización, la fórmula del fin en sí y la fórmula del reino de los fines. A pesar de la gran diferencia en su formulación, como enseguida se apreciará, nuestro filósofo las considera sinónimas, pues mandan lo mismo. Analicemos primero cada fórmula como aparece en la *Fundamentación de la metafísica de las costumbres* para, en un segundo momento, detenernos en la sinonimia entre ellas.

La primera fórmula alude a la universalización de la máxima y reza como sigue: «Obra solo según aquella máxima que puedas querer que se convierta, al mismo tiempo, en ley universal».[5] En ella se formula un mandato, «obra», pero no dice qué se debe hacer en concreto, es decir, no alude a la materia de la acción, sino que apela a la máxima (principio subjetivo del querer), es decir, a la regla por la que cada sujeto se rige.

Vale la pena prestar atención a una distinción que el mismo Kant hace en la *Fundamentación de la metafísica de las cos-*

5 FMC IV, p. 421; p. 92.

tumbres. Distingue entre las máximas que no se pueden pensar como universales y aquellas que, a pesar de que se pueden pensar como universalizables, no se pueden querer como tales. A la hora de escoger la fórmula del imperativo categórico, Kant opta por el «poder querer», porque esta es la condición necesaria de la corrección de la máxima; mientras que el «poder pensar» es una condición necesaria pero no suficiente, como a continuación explicaremos.

Lo contradictorio en una máxima que no se puede pensar como ley universal es el mismo pensar. Por ejemplo, no se puede pensar una ley universal de mentir, por la sencilla razón de que la mentira, para ser dicha, necesita de la veracidad, y, si esa norma es la que se cuestiona, no se podría ni proferir la mentira. Explicado de otro modo, aludiendo a la paradoja del mentiroso: una ley que dijera «es legítimo mentir» no habría manera de saber si es legítima, dado que ella misma podría ser una mentira.

Un ejemplo similar propone Kant. En caso de tener apuros económicos, decidimos prometer falsamente que devolveremos el dinero que pedimos prestado. La máxima por la que nos regimos, la regla o directriz concreta que en ese momento nos proponemos, contiene una acción, por ejemplo, pedir cincuenta euros prometiendo que los devolveremos en quince días. Y contiene un fundamento de determinación, el interés en resolver nuestro problema económico. La prueba fundamental para averiguar la corrección de la máxima consiste en que esta se pueda querer al mismo tiempo como ley universal, es decir, que pase a ser la máxima de cualquier sujeto, en cualquier lugar y en cualquier momento, dado que categóricamente significa incondicionalmente. Dicho de otro modo, como para Kant es la forma del querer la que confiere corrección al deseo, es decir, que la máxima pueda quererse como ley, que el principio subjetivo pueda ser objetivo (recordemos que en el idealismo trascendental significa intersubjetivo), la corrección consiste en que lo que uno quiera para sí lo pueda querer para el universo de los seres racionales.

Enseguida se puede comprobar que no puede quererse una ley universal de prometer falsamente, pues la promesa exige, cual su condición de posibilidad, la norma de la veracidad, y dicha norma es precisamente la transgredida al prometer falsamente. No se puede querer una máxima tal porque ni siquiera se puede pensar como ley universal. La ley que permitiera prometer falsamente erradica la posibilidad de la promesa. No se puede querer la máxima como ley porque la máxima exige que haya promesas y estas sean verdaderas. Prometer significa dar crédito a la palabra para que crean en ella, pero se arremete contra esa condición de posibilidad al prometer falsamente. Es una máxima que actúa como un parásito que atenta contra lo que la alimenta. La máxima, al pretender ser universalizada, deviene contradictoria, y no se puede querer como ley universal, es inmoral.

Lo mismo sucedería con el suicidio. La máxima de abreviar la vida cuando esta comporta más males que bienes no se puede pensar como ley universal porque, al parecer de Kant, «una naturaleza cuya ley fuese destruir la vida misma mediante el mismo impulso encargado de conservarla sería, sin duda alguna, una naturaleza contradictoria y que no podría subsistir».[6] Al fin y al cabo, lo que el deber manda es la forja de una buena voluntad, y no puede ser buena la voluntad que abdica de la tarea. O, formulado de otro modo, no se puede pensar que el abdicar de pensar, que es la muerte, sea legítimo; no se puede pensar como buena la decisión de dejar de pensar. Querer legitimar la decisión suicida es una excepción a la norma del deber de vivir. No puede ser un deber, una máxima respetable, abdicar de los deberes. Los mandatos de la moralidad son leyes para la vida buena, no es legítimo el mandato de que no haya vida.

6 *Ibid.*, p. 422; p. 93.

Nuestro filósofo pone en la *Fundamentación de la metafísica de las costumbres* dos ejemplos más de máximas que, a pesar de que sí pueden ser pensadas como leyes universales, no se pueden querer como tales. Ahora la contradicción no radica en el pensar, sino en el querer. En este caso, propone la máxima de no desarrollar los propios talentos o capacidades, como «los habitantes de los mares del sur». Kant reconoce que se podría pensar una ley así, pero no se podría querer, pues en cuanto ser racional, no en cuanto ser sensible dedicado a la ociosidad, hay que desarrollarse como tal para saber la legitimidad del deseo. De ese modo, el libre desarrollo de la personalidad, por ejemplo, no sería solo un derecho, sino también un deber.

El cuarto ejemplo que nos propone Kant es el caso de la máxima que podríamos calificar de *antialtruista:*

> Una cuarta persona a quien le van bien las cosas ve a otras luchando contra grandes dificultades. Podría ayudarlas, pero piensa: ¿a mí qué me importa? ¡Qué cada uno sea lo feliz que el cielo le conceda o él mismo quiera hacerse; nada voy a quitarle, y ni siquiera le tendré envidia; no tengo ganas de contribuir a su bienestar o a su ayuda en la necesidad! [...] Pero bien, sea como fuere, aun cuando sea posible que aquella máxima se mantenga como ley natural universal, es imposible, sin embargo, querer que tal principio valga siempre y por todas partes como ley natural, pues una voluntad que así lo decidiera se contradiría a sí misma, ya que podrían suceder algunos casos en que necesitara del amor y la compasión de los demás, y entonces, por la misma ley natural originada en su propia voluntad, se vería privado de toda esperanza de ayuda.[7]

7 *Ibid.*, p. 423; p. 95.

Ahora la máxima pretende prescindir de la ayuda de las demás personas y, en coherencia, que estas prescindan de la ayuda de uno. Una máxima tal no puede quererse como ley universal porque lo que manda el imperativo es, precisamente, considerar al universo de los seres humanos siempre. La máxima de desconsiderarlos, de no tener que atenderlos, solo podría ser legítima con el beneplácito de los demás, que lo pudieran querer, lo que exige su consideración, que es a lo que alude el criterio de la universalización. No obstante, hemos de reconocer que los motivos que aduce Kant en ese texto son *poco kantianos,* al apelar, por un lado, al sentimiento de la compasión y, por otro, al entrar en el cálculo de consecuencias que se derivarían de no haber reciprocidad.

Como vemos y era de esperar, los ejemplos que Kant expone en *la Fundamentación de la metafísica de las costumbres* han sido objeto de numerosos comentarios críticos. Sin duda, él mismo contribuyó a ello. Su ética es formal, se centra en lo que depende de uno, en la coherencia de la voluntad, como poder pensar o querer como ley universal. Como acabamos de apreciar, unas veces se hace una lectura un tanto consecuencialista, aludiendo a los efectos que se seguirían para el mundo o para uno mismo si se adoptara una máxima. Incluso llega a decir que, si se obrara así, «me pagarían con la misma moneda». Ello nos haría entrar en cálculos estratégicos, en consejos de sagacidad, o en obrar por interés, algo totalmente contrario a su ética. Otras veces sus ejemplos son poco claros, al tildar de egoísta una norma ya desde el inicio, cuando lo que la convierte en tal no es el contenido, sino que no se pueda querer o pensar como ley universal. Otras veces, como en el caso del suicidio, apela sin más a la comparación con la ley de la naturaleza y a su continuidad, desconsiderando que la vida moral no es sin más la vida biológica.

No obstante, y pesar de lo poco acertadas que son algunas explicaciones de Kant respecto a sus ejemplos, consideramos que la idea esencial sigue siendo correcta: la máxima no es universalizable porque es contradictoria, bien por su contradicción lógica (poder pensar), bien por la contradicción de la voluntad (poder querer).

La segunda fórmula declara la humanidad como un fin en sí y dice: «Obra de tal modo que te relaciones con la humanidad, tanto en tu persona como en la de cualquier otro, siempre como un fin, y nunca solo como un medio».[8] Kant es consciente de que esta fórmula es más *intuitiva*, más amable a la comprensión. En esta fórmula no habla de algo tan abstracto como universalizar la máxima apelando a su no contradicción, sino que alude a un contenido, la humanidad, tanto en nuestra persona como en la de cualquier otro, humanidad que es un fin en sí.

Ahora tenemos claramente un contenido para toda máxima: la humanidad como fin en sí, es decir, la humanidad como valor absoluto, en cuanto fuente de todo valor. Para nuestro autor, el valor absoluto del ser humano radica en su capacidad de proponerse fines, propósitos. El resto de los fines son relativos, porque su valor consistirá en la relación que mantengan con el sujeto, en que este los escoja o no. Pero la capacidad de escoger es ella misma la condición de posibilidad del resto de los fines y del valor de estos.

Fijémonos que ahora el mandato apela a la forma de tratar la humanidad, tanto en la persona de uno como en la de cualquier otro. De modo que tratar mal a una persona, incluso a sí mismo, es deshumanizarla, o, lo que es lo mismo, reducirla a mero medio, a instrumento al servicio de otro. De ahí la insistencia de Kant en que las personas tienen dignidad y las cosas, precio. Y la dignidad se fundamenta en esa capacidad de proponerse fines, con el único límite de que no se instru-

8 *Ibid.*, p. 429; p. 104.

mentalice a los otros reduciéndolos a la condición de medio
o instrumento al servicio de los fines de uno.

Tratar como mero medio a alguien convierte en indigno el
trato que recibe y en inhumano a quien lo da, pues se deshumaniza a sí mismo. Ahora bien, el problema no radica en
tratar como medio, sino como mero o solo como medio. Pongamos un ejemplo: el empresario que usa la fuerza de sus
trabajadores para fabricar sus productos o el trabajador que
vende su fuerza de trabajo a cambio del salario se usan como
medios, y no hay nada malo en ello si, al mismo tiempo, no
olvidan su condición de fines en sí, su condición de humanos.
De nuevo, la diferencia radica en la forma de trato.

Una última precisión que merece esta fórmula es la llamada
que se hace a «tanto en tu persona como en la de cualquier
otro». Por un lado, Kant insiste en que la ley es la misma para
todos, sin excepción, manda categóricamente. Querer exceptuarse uno mismo es no solo egoísmo, sino hacer una diferencia arbitraria, ilógica, a la generalidad que marca la igual
condición de todos. Por otro lado, la fórmula también pone
un límite a la forma de tratarse a sí mismo. Esto significa que
la persona tiene deberes para consigo misma, no puede, en
nombre de su libertad, hacer con su persona lo que le plazca,
ni siquiera aun cuando no haga daño a otros. Como se ha
puesto de relieve en los ejemplos anteriormente expuestos,
suicidarse o no hacerlo, cultivar los propios talentos o dones
concedidos no son temas *indiferentes,* en el sentido de que se
deje al libre arbitrio de cada individuo decidir sobre su corrección. El motivo, insistimos, no es solo por el daño que aquellas
acciones pueden generar a otros, sino por el daño que uno
infringe a la humanidad en su persona.

Por ello la ética kantiana es muy exigente, como veremos
enseguida, con la libertad entendida como autonomía. No aceptaría sin más que el único límite a la libertad sea el no dañar a
otros, pues también tenemos el deber de desarrollar la libertad,

de modo que no podemos abdicar ni claudicar de ella. Por ello, por la condición de las personas en cuanto humanas (se puede devenir persona inhumana si no se trata bien la humanidad), explicita Kant que hay dos fines-deberes, esto es, dos propósitos que las personas siempre han de perseguir: por un lado, el propio perfeccionamiento moral y, por otro, el propiciar la felicidad del prójimo. Añade nuestro autor que promover la felicidad de los demás consiste en coadyuvar activamente a que el prójimo logre los fines que se propone; y en eso precisamente consiste el perfeccionamiento moral que uno debe perseguir como deber. De modo que esos deberes no son meramente deberes negativos (abstenerse de dañar o no interferir), sino positivos, es decir, involucrarse en que los otros logren sus fines. Con tono irónico, Kant advierte de que no se tergiverse el orden de esos fines deberes, exigiendo que los otros se autoperfeccionen promoviendo nuestra propia felicidad.

La tercera fórmula, la del reino de los fines, dice: «obra siguiendo las máximas de un miembro legislador en un posible reino de los fines».[9] Ahora se introduce la noción de un «posible reino de los fines». El mandato alude a actuar como si uno fuera el legislador de la comunidad de personas, que son fines en sí, valores absolutos, cada una de ellas persiguiendo cuantos fines relativos quiera. El único límite que se pone a esos fines relativos es que no conviertan en fines relativos a los fines en sí.

Un reino de los fines es una comunidad humana que no olvida que cada uno de sus miembros es igual a otro en cuanto fin en sí, al mismo tiempo que es diferente en cuanto que cada uno persigue fines relativos distintos. En dicho reino uno es el legislador, y no obedece a más ley que la que la razón pura promulga. Esa posible comunidad será real si cada vez que actuamos lo hacemos como si la ley moral por la que los fines

9 *Ibid.*, p. 438; pp. 117-118.

en sí se rigen fuera como una ley natural y nosotros los legisladores. De hecho, Kant se inspira en la noción política de la «voluntad general» de Rousseau haciendo una lectura ética. Al tener como fines-deberes la felicidad del prójimo y, al actuar así, progresar hacia el perfeccionamiento moral, ese reino de fines no es un mero agregado de gente que respeta sus respectivos espacios. No es una comunidad de indiferentes que se dejan mutuamente en paz. Tampoco es una imposición de los fines de uno al resto. Se trata de un reino donde se respetan las diferencias porque lo que les une es fundamental: el valor absoluto de cada persona, por lo que es digna, y por lo que los propósitos que se proponga cada uno, los fines relativos, no olvidan la condición de fin en sí, comprometiéndose a facilitar el logro de los fines de los otros.

Cabe una última precisión sobre las fórmulas de los imperativos: si bien la primera fórmula, la más legalista, que apela a la no contradicción de la máxima, es claramente formal, la segunda y la tercera explicitan un contenido (o materia): la humanidad. Al fin y al cabo, el reino de los fines es la comunidad de personas. Esa materia es una clara muestra de que, contrariamente a la crítica de Hegel a Kant, el imperativo kantiano no es vacío. No solo porque excluye muchos otros contenidos empíricos de las máximas por no ser universalizables, sino porque les exige que, entre los variados contenidos que se propongan, incorporen siempre un contenido, a saber, la humanidad en la propia persona y en la de cualquier otro. Pero se trata de un contenido formal, es decir, estructural, constitutivo del sujeto, esencial a toda máxima de un ser racional, y a priori, independiente de la experiencia. Además, lo debemos incorporar tanto en las decisiones a nivel particular como, en cuanto somos seres sociales, en el tipo de comunidades que generamos.

Una vez explicadas las tres fórmulas del imperativo categórico, podemos ahora entrar en la cuestión de la sinonimia entre ellas. ¿Qué relación guarda la universalización de la máxima, de la primera fórmula, con la humanidad como fin en sí, de la segunda, y con el reino de los fines de la tercera? ¿Por qué dice Kant que, a pesar de su diferencia, mandan lo mismo en cuanto la ley moral es una? La respuesta es que, ciertamente, cada vez que universalizamos la máxima, en realidad lo que hacemos es considerar a cada persona como un fin en sí: y, si la universalizamos, es porque estamos pensando en el universo de las personas, en el reino de los fines. Cada vez que tratamos a alguien como un mero medio, reduciéndolo a instrumento, no podremos universalizar la máxima. Y al obrar así, según máximas no universalizables que instrumentalizan a las personas, no somos miembros dignos del reino de los fines, ni podemos ser legisladores en él, al actuar según excepciones a la ley, que es, a fin de cuentas, en lo que consiste el egoísmo. El egoísta solo quiere para él la máxima que propone.

Kant advierte de que no se confunda el imperativo categórico con la regla de oro, ni en su versión negativa, de no hacer a los otros lo que no nos gustaría que nos hicieran, ni en la versión positiva, de tratar a los demás como nos gustaría que nos trataran. Reconoce que esa regla, que derivaría del imperativo categórico, tiene muchas deficiencias. Por ejemplo, no contempla los deberes para consigo mismo, y permitiría la indiferencia hacia los demás si uno acepta lo mismo de los otros, cuando Kant alude a deberes de compasión; e incluso llegaríamos al absurdo de que el criminal no aceptara el trato del tribunal que lo juzga.

En otras palabras, el imperativo categórico es más exigente que la regla de oro porque en él no se trata de lo que nos gustaría, algo empírico y coyuntural, particular y contingente, sino de lo que debe ser, universal y necesariamente. En segundo lugar, porque un proceder según la regla de oro no deja de obedecer a consejos de sagacidad, de modo que «actúo de esta manera porque es lo que quiero para mí», priorizándose así los fines de uno y no los del otro. Y, en tercer lugar, y a eso alude el deber de compasión (que no es cuestión de sentimientos), porque lo que se manda en el trato a los otros como fines en sí es que se participe en el logro de los fines del otro, en la felicidad que surge de la satisfacción de los deseos o los propósitos tal y como los otros los conciben, no como, en un exceso de autorreferencia, los concebimos nosotros. En definitiva, la ley moral es algo más racional y exigente que el mero cálculo de cómo nos gustaría tratar y ser tratados. La cuestión va más bien de preguntarse por qué es lo correcto, y a veces eso no coincide con lo que nos gustaría hacer o nos gustaría que nos hicieran.

2.4. La libertad como deber

Es habitual resumir la ética kantiana afirmando que es aquella que manda hacer el deber por deber, esto es, hacer la acción correcta, un deber material (cuyo contenido irá cambiando) por deber (deber formal, en cuanto fundamento de determinación que cualquier persona en esa situación debería hacer). Seguramente porque veía en su tiempo un cierto rapto de lo moral por parte de la psicología y los consejos prudenciales de sagacidad, el mismo Kant insistió mucho más en ese aspecto del deber que contiene su ética. No obstante, también insistió en el aspecto que ahora vamos a remarcar, a saber, que la *ratio essendi* de la moralidad es la libertad. En efecto, como ya avanzábamos en el primer capítulo, lo que fundamentalmente manda la moralidad es realizar, ejercer la libertad. Jesús Conill está muy acertado cuando afirma que la ética kantiana, más que una deontología, una teoría sobre el deber, es eleuteronomía, pues lo que manda como norma es la libertad.[10]

10 Conill Sancho, J., «Eleuteronomía y antroponomía en la filosofía práctica de Kant», en Carvajal Cordón, J. (coord.), *Moral, Derecho y Polí-*

2. La fundamentación del deber moral: dignidad y autonomía

Vamos a detenernos a analizar las diversas nociones de libertad que podemos encontrar en Kant, porque la que constituye la *ratio essendi* de la moralidad es la autonomía, que será el fundamento de la dignidad, lo que convierte al humano en un valor absoluto; autonomía que, como hemos visto, consiste en no obedecer a más norma que la que uno se ha dado a sí mismo. Y eso solo ocurre cuando el fundamento de determinación es la ley moral legislada por la razón pura.

Ello nos permitirá ahondar en algunas afirmaciones claves en la ética kantiana, como que la razón solo es práctica cuando es pura. Si entendemos que práctica significa lo relativo a la acción libre, tendremos que explicar por qué solo se es libre cuando se escoge la ley que legisla la razón pura. No olvidemos que para Kant la razón no es una especie de superego censor freudiano, o una foucaultiana entidad biopolítica que nos impone la norma y ante la cual el sujeto, en cuanto súbdito, no puede más que dejarse dominar. Para Kant la razón pura es uno mismo que, en su esfuerzo por ir más allá de la coyuntura personal, de la experiencia, de su idiosincrasia, piensa en qué consiste la buena voluntad.

Asimismo, también nos permitirá entender la principal paradoja de la ética kantiana, a saber, que la libertad es nuestro deber, nuestra principal obligación. Tenemos el deber de emanciparnos continuamente, de regirnos por aquellas máximas que obedezcan al propio criterio y no a las presiones heterónomas, procedan estas de otras personas o de las inclinaciones personales de uno mismo.

Comencemos, pues, por distinguir algunas nociones de libertad, palabra nuclear al tiempo que compleja en el vocabulario de Kant.

---

tica en Immanuel Kant, Cuenca, Ediciones de la Universidad de Castilla-La Mancha, 1999, pp. 265-284.

En primer lugar, tenemos que aludir a la libertad trascendental, que es la condición de posibilidad de la moralidad. Esa libertad, como condición de posibilidad de la moralidad, se ha presentado como un hecho de la razón. «Si debo, puedo», afirma Kant. No tiene sentido preguntar por el deber de hacer algo si no puedo hacerlo. Esta libertad trascendental, inherente a la dimensión nouménica del ser humano, es el punto de partida que permite la moralidad del agente. Esa libertad trascendental consiste en una causalidad intelectual de la razón pura que, espontáneamente, sin depender de una cadena previa de otras causas que la movilizan, genera la ley e inicia acciones. Kant llama a la libertad causalidad intelectual para distinguirla de la natural, en la que el determinismo, por ligazón de causas y efectos, es total en aquel ámbito fenoménico. El agente puede crear objetos y acciones y ponerlos en el mundo por pura voluntad, por puro querer. Ahora bien, esta libertad, como posibilidad de elegir qué hacer, exige ser realizada, poder llevar a cabo la acción escogida. Para ello se necesita de un arbitrio sensible libre.

Una segunda noción de libertad es la que llamaremos libertad negativa. La libertad negativa consistiría en la libertad del libre arbitrio por la que decide cuál será el fundamento de determinación de la máxima. El libre arbitrio, a la hora de ejecutar las acciones, puede escoger las máximas, en concreto, tanto puede escoger las acciones como su fundamento de determinación. Es libertad negativa, no libertad de indiferencia, pues no da igual elegir una opción u otra. Es negativa porque hay independencia, porque es uno mismo quien decide en ese momento a qué dar importancia y por qué. Experimenta en él tanto las inclinaciones, cual arbitrio sensible que es, como la ley moral, recordándole que sabe qué debe hacer, aunque ahora, a la hora de ejecutar la máxima, pueda cuestionarlo.

Kant nos recuerda que la voluntad como razón pura no es propiamente libre, porque no puede dejar de darse la ley, ni dar otra ley que la universalización del deseo, esto es, la consideración de cualquier otro sujeto como igual a uno en su capacidad de escoger los deseos. Pues bien, a pesar de que no puede dejar de legislar esa ley y no otra, es ella misma la que legisla, la que genera la ley; es decir, esa voluntad no es libre de dejarse de dar la ley, ni de darse otra ley, ley que surge de su propio pensar más allá de las circunstancias empíricas, desapegada, en cuanto pura, de lo contingente.

Ahora bien, para que esa autonomía sea más que pensada ejercida, se precisa que el albedrío sensible, en su libertad negativa, la escoja. En cuanto libre, puede o no hacerlo. Cuando no lo hace, usa la libertad negativa, de poder elegir los motivos por los cuales elige, para no ser él quien escoge sino *otro,* sean las inclinaciones u otras voluntades. En ese caso, se usa la libertad para abdicar de ella, se escoge libremente renunciar a la libertad auténtica, que es la autonomía, pues en ella no se obedece a más ley que la que uno, en cuanto razón pura, ha generado. Cuando desde la libertad se renuncia a la autonomía, la facultad de desear se denigra, deviene inferior; y, por ello, por heterónoma, la voluntad no es buena, no es libre, no es práctica.

Cuando el libre arbitrio elige como fundamento de determinación la ley moral, que vive como deber al estar en lucha con las inclinaciones, se emancipa de estas, convierte a la autonomía en su fundamento de determinación, y en buena a la voluntad. En eso consiste, como hemos visto, la facultad superior de desear. En ese caso podemos hablar de la libertad positiva (mas no en el sentido que le darán los liberales, sea Benjamin Constant o más tarde Isaiah Berlin). Incluso podemos hablar de libertad doblemente positiva: en primer lugar, porque se escoge la ley que uno mismo ha legislado; y, en segundo lugar, porque al ejercerse, la libertad pensada por la razón pura se convierte en real. La libertad trascendental se reafirma cuando la libertad negativa elige la autonomía; solo entonces se es libre de veras.

Ahora podemos entender mejor el aserto kantiano de que la razón solo puede ser práctica si es pura. En efecto, si la praxis es la acción libre y esta solo puede emerger de la ley que genera la razón pura, solo es posible la libertad cuando la máxima del libre albedrío la elige como fundamento de determinación. En este caso se usa la libertad negativa para escoger la libertad, la positiva, que es la autonomía.

Cuando se usa la libertad trascendental para, en la libertad negativa, desconsiderar el deber, la libertad es doblemente negativa; negativa, en un primer momento, porque se escoge desde la independencia para, en un segundo momento, no tener que elegir. Por ello, como analizaremos en el tercer capítulo, la libertad exige un continuo atreverse a pensar por sí mismo, y una vez que se ha pensado por sí mismo, actuar en coherencia. De aquí también se deduce que para Kant el mal sea un abuso de la libertad. La voluntad, pudiendo ser buena y escoger la acción adecuada fundamentándose en el deber, decide libremente no hacerlo, por eso le es imputable la acción y la decisión. No obstante, si quisiéramos eliminar el mal del mundo, tendríamos que eliminar la libertad y, con ella, la moralidad. Por eso en Kant es tan radical, por enraizado, el mal como el bien: ambos emergen de la voluntad libre.

Así podemos entender igualmente por qué no es correcta la crítica que hacía Friedrich H. Jacobi a Kant cuando le preguntaba si somos nosotros los que tenemos razón o si es la razón la que nos tiene a nosotros. En Kant la razón somos nosotros mismos forjándonos nuestro carácter, pero no el nosotros empírico, sino el que se emancipa de su circunstancia no dejándose llevar por la compulsividad, apropiándose críticamente de su voluntad. Como decíamos anteriormente, creer que la razón es una especie de superego censor represivo, o incluso un dios secularizado, es no haber entendido que el recorrido mismo de la crítica de la razón es una tarea moral.

Y así llegamos a la conclusión paradójica, pero ahora ya solo superficialmente. Si hemos entendido que eso que llamamos deber no es más que la ley moral contrariando a las inclinaciones, pero que dicho deber es lo que nosotros mismos queremos cuando pensamos en qué consiste que el deseo sea correcto, que la voluntad sea buena, entenderemos que lo que manda precisamente la ley moral es ser uno mismo, es decir, ser autónomo. Al actuar así, uno se hace digno de la humanidad en su persona. La libertad cuesta, es un deber realizarla toda la vida, porque nunca es del todo conquistada, tanto a nivel individual como a nivel colectivo e histórico. Por ello, para Kant la dignidad se fundamenta en la autonomía; por ello la libertad es el principal de los derechos del cual emana el resto.

2.5. Temáticas kantianas de actualidad y consideraciones críticas

En el emotivismo, la persona carece de autonomía y, por cierto, acaba siendo conservador. Lo que nos afecta, por qué y cómo nos afecta, no depende de nosotros, nos dice Kant. Además, no explica los sacrificios morales. La Revolución francesa que él presenció y cuyos ideales morales defendió, luchó por una libertad, una igualdad y una fraternidad que no disfrutarían quienes la hacían. Era necesario abandonar el antiguo régimen que durante siglos había imperado e instaurar uno nuevo, pero tenía que estar legitimado, no bastaba con que fuera nuevo. No se trataba sin más de cambiar una moral por otra, o unas tradiciones por otras, o unas autoridades por otras. Kant está intentando, justo con otros filósofos de su época, pensar la tolerancia, qué merece ser respetado y qué no.

En línea con la ética kantiana, es una forma de esclavitud creer que la verdadera libertad radica en la espontaneidad emocional, en actuar sin filtros, dejándose llevar. La manera más eficiente de someter de forma crónica no consiste en poner pesadas y visibles cargas, sino en hacer que nos sintamos y creamos libres. Por ahí empieza la principal abdicación del deber. Una de las aportaciones de la ética kantiana consiste en recuperar la moral del rapto a la que la someten los emotivismos. La crítica al emotivismo de Hume sigue siendo actual. Para Kant la cuestión del deber y de su fundamentación era esencial, marcando la diferencia respecto a los intereses y las convenciones, las épocas y las culturas. Esta fundamentación es la tarea específica de la filosofía, de la crítica de la razón, no de la psicología ni de la economía, que nos pueden dar consejos de sagacidad, sobre lo que debemos hacer para que nos vaya bien, pero no necesariamente para ser libres y ser gente de buena voluntad.

Su esfuerzo por una ética formal intenta combatir ambos tipos de peligros: en primer lugar, el relativismo, que abdica de fundamentar la moral y acepta las tradiciones o las costumbres simplemente porque tienen más poder o más éxito. En segundo lugar, el rapto de la moral en manos de la psicología, la sociología o la economía, ciencias empíricas que nos proponen qué significa la vida buena. El papel que en todo ello tiene la libertad se reduce a seguir o no los consejos o las reglas de la sagacidad o la habilidad.

Kant explicitó que la libertad de la humanidad es el principal objeto del deber. Creer que vivimos en el mejor de los mundos posibles, y por ello hay que dejar las cosas como están, porque nos va bien, nos hace olvidar que lo que convierte en buenas unas costumbres no es su mera vigencia ni su mera novedad. Vale la pena, en nuestro tiempo acelerado en el que los cambios de antiguos a nuevos regímenes son más rápidos, y en nuestro tiempo de crepúsculo del deber y del compromiso, fundamentar las razones que tenemos para respetar unas normas y no otras.

2. *La fundamentación del deber moral: dignidad y autonomía*

Kant nos está recordando que eso que llamamos «compromiso ético» no es cálculo estratégico ni prudencial para maximizar la felicidad. La ética tiene que ver esencialmente con obligaciones ante lo que tenemos delante. Si nada infunde respeto, la ética se convertirá en otra cosa a la que echar de menos ante lo que tenemos delante cuando la hayamos perdido por descuido de nuestra condición racional y humana.

En tiempos de involución respecto de lo que considerábamos conquistas morales, en los que el concepto de dignidad, muy asumido en todas las constituciones o cartas magnas, es igualmente desconsiderado y por ello causante de mayor humillación, hay que apelar a la coherencia como deber. Hay que recordar que el deber cuesta y que exige sacrificios que valen la pena. Y hay que recordar que la libertad es un deber porque con cada individuo comienza un proyecto emancipatorio hacia la mayoría de edad autónoma; y porque, a nivel de humanidad, la mayoría de edad nunca está conquistada.

Si el sueño de la razón produce monstruos, es porque se abdica de la crítica, cayendo en la autocomplacencia cuando no en la desesperación. El primado de la razón práctica pone en el punto de partida y en el punto de llegada la libertad. Como punto de partida es una posibilidad, como punto de llegada es una tarea a la que en verdad nunca llegamos, pero cuya perseverancia, como imperativo, es una llamada continua a atender poniendo en marcha proyectos emancipatorios.

Y habrá, con Kant, que recordar una y otra vez que la libertad no es un objeto de ciencia, que cada vez que los neurocientíficos se empeñen en demostrar que la libertad no existe, habría que volver a preguntar cómo hacerse cargo de nuestros actos; o por qué educarnos; o por qué esforzarnos por mejorarnos moralmente haciendo feliz al prójimo.

Igualmente, cuando muy laxamente se conceden derechos y condición de ciudadanía a entidades con inteligencia artificial, habrá que recordar la sentencia kantiana de que las personas tienen dignidad y las cosas, precio; que estas son intercambiables, mientras que las personas son únicas.

Se suele criticar que, como Kant fundamenta la dignidad en la autonomía, no serían dignas las personas que no la puedan desarrollar (como las personas que nacen con una gran discapacidad y una gran dependencia), o que la han perdido (por demencia o Alzheimer, por ejemplo). Sin embargo, eso no es del todo cierto, pues podríamos distinguir, en línea con la ética kantiana, dos nociones de dignidad. Una primera, en sentido laxo, afirma que todo el mundo tiene dignidad por su mera condición de ser racional con capacidad de desarrollar la autonomía. Si por causas ajenas a su voluntad no la puede desarrollar, no por ello carecería de dignidad. En este sentido laxo, la dignidad no admite grados, no se es más o menos digno. Ahora bien, el sentido estricto de la dignidad alude al hacerse digno de la humanidad en tu persona. Y uno pierde la respetabilidad (no la dignidad laxa) cuando decide voluntariamente vulnerar su autonomía, abdicando de ella pudiendo ejercerla.

Hay tres críticas que sí le podemos hacer a Kant. La primera es que la razón no puede ser tan pura, desde el momento en que está continuamente interesada en su desarrollo y en la emancipación. Los intereses de la razón la mueven. Kant piensa en un sujeto trascendental que se separa con excesiva facilidad de su carne y de sus huesos. La crítica de la razón de hoy seguirá siendo necesaria, pero será una razón situada, con historia, que tendrá que averiguar, desde las ciencias reconstructivas, la psicología del desarrollo moral y la pragmática lingüística, cómo hemos llegado a forjar esa razón a lo largo del tiempo (como han hecho, entre otros, Apel y Habermas, en Alemania, y Adela Cortina en España).

En esa transformación posmetafísica de la ética de Kant, ya no se partiría del «yo pienso», ni del hecho de la razón, sino del «nosotros argumentamos» en una comunidad real e histórica de diálogo. La tensión dialéctica continúa, pero no entre el reino de los fines, sino entre los afectados por las consecuencias de las normas a consensuar en comunidades, real e ideal, de diálogos.

Una segunda crítica procede de los ejemplos del imperativo categórico que propone Kant. Nos referiremos a dos en concreto: el ejemplo del suicidio y el de la mentira, que ponen de relieve la necesidad de disponer de más criterios que la mera universalización. Detengámonos primero en el caso del suicidio, al que, como hemos visto, Kant condena moralmente. Seguramente tiene razón en su defensa de que hay un deber de vivir, de llevar a cabo una vida autónoma. Si la vida es vivida por placer, no hay valor moral en ella y tampoco tendría sentido después fundamentar deberes morales durante lo que dura una vida si, al fin y al cabo, esta es solo una cuestión de preferencias personales: vivir o no vivir; ser o no ser.

No obstante, creemos que, en línea con el espíritu de la ética kantiana pero más allá de Kant, podría defenderse una legitimidad del suicidio, e incluso de la eutanasia, de una persona si su fundamento de determinación es, precisamente, la pérdida de la autonomía a la que le condena la enfermedad. En este caso, alguien con un diagnóstico de demencia senil, por ejemplo, podría llevar a cabo una decisión autónoma de terminar con su vida, dado que la continuidad de la vida biológica por sí sola no tiene valor moral si no es posible una vida autónoma. Ahora no se ejerce la autonomía para terminar con ella, sino al contrario, porque esta es expropiada por la enfermedad, se pone fin autónomamente a esa usurpación.

Centrémonos ahora en el caso de la mentira, en concreto en el que Kant expone en un breve artículo titulado «Sobre un presunto derecho de mentir por filantropía». Ese escrito ya le valió innumerables críticas, entre otros por parte de

Constant, y le siguen lloviendo todavía hoy incluso entre los que se consideran kantianos.

En ese breve texto Kant se pregunta por la legitimidad de la mentira piadosa, más exactamente en los casos en que, con una mentira, se puede lograr un mayor beneficio. En él se expone el ejemplo de una persona que llama a la puerta de un amigo pidiéndole auxilio porque huye de una persona que lo quiere matar, y el amigo lo cobija. Si el presunto asesino se presenta en la casa y pregunta si la persona a la que se le dio cobijo está allí, ¿se debe decir la verdad, y con ello facilitar al asesino la tarea? ¿Es correcto, por cumplir con el deber de no mentir, no salvar la vida de una persona?

Kant argumenta que el deber es defender la vida del amigo, por ello no se limitará a decir sin más la verdad poniéndole al asesino las cosas fáciles; procurará responder de forma que todo lo que diga sea verdad, aunque no diga toda la verdad. Pero insiste en que no diéramos por supuesto que aun mintiendo podría salvarle la vida al amigo, pues bien pudiera suceder que, a pesar de haber mentido, el que pidió auxilio aprovechara para abandonar la casa justo cuando quien lo quiere matar, al creer la mentira, también marchara, de forma que, fatídicamente, se encontrasen. A pesar de que se haya mentido faltando al deber y denigrando la veracidad, no se ha logrado salvar la vida del amigo. Kant añade otras circunstancias que pudieran concurrir para seguir defendiendo el deber categórico de no mentir nunca ni a nadie. Como es fácil de entender, las críticas no se hicieron esperar.

Ahora bien, en lo que sí lleva Kant razón es que, si se mintiera diciendo que la persona a la que busca no está en la casa y se creyera, lo que ha salvado la vida del amigo no es propiamente la mentira, sino la reputación de integridad de la persona que ahora miente, pues fue ese el motivo por el cual la mentira funcionó. Es la veracidad, no la mendacidad, la que lo habría salvado, pero solo una primera vez, en una segunda, quien viene a matar ni siquiera le preguntaría si lo cobija, sino que, violentamente, entraría en la casa a buscarlo.

Hemos de reconocer que la fundamentación kantiana de la moral dio con la forma, la estructura constitutiva o esencial que toda moral que se precie de serlo debe contener cual condición necesaria, a saber, el principio de universalización. La ética no deja de preguntar por la universalización, si no quiere sucumbir al dictado de las eticidades o morales de una comunidad concreta. Pero esa fundamentación y esa universalización, siendo necesarias, no son suficientes. Hacen falta otros criterios que nos permitan hacernos cargo de las consecuencias de las acciones. Ciertamente, la ética kantiana carece de criterios más allá del principio supremo de la moralidad para calibrar sobre las consecuencias. Seguramente la tesis kantiana de que las consecuencias, una vez puestas las acciones en el mundo, no dependen de nosotros es en exceso laxa.

Una tercera crítica es que, igualmente, es en exceso laxo que el conocimiento moral común se baste para tomar buenas decisiones. Las éticas aplicadas, como la bioética, la ética empresarial o la de los servicios sociales, evidencian que la toma de decisiones es más compleja, que hacen falta más conocimientos que los de la persona corriente y su saber distinguir la mano derecha de la izquierda, pues, en definitiva, hace falta calcular riesgos. Por eso, ante dos máximas igualmente universalizables, Kant no nos da más pistas sobre cuál de ellas es mejor, más aconsejable; como tampoco nos ayuda con los dilemas como el de mentir por filantropía. Fundamentó excelentemente una ética de principios, pero la pregunta por la responsabilidad, la de lidiar con lo contingente e histórico, quedó desatendida.

Concluyamos que lo que, sin duda alguna, debemos a la ética kantiana es haber puesto en el centro de todas las éticas los irrenunciables conceptos de igualdad, porque todos somos fines en sí; de dignidad, porque todos merecemos respeto; y de autonomía, porque esa es la tarea que específicamente debe caracterizar siempre a la humanidad. Sin esos tres conceptos, es imposible defender algo así como derechos, y menos, fundamentales.

3. La esperanza y la fe racionales

Una vez realizada la fundamentación de la ética, queda pendiente la respuesta a la pregunta sobre qué cabe esperar una vez hecho el deber. A esa cuestión se dedica Kant sobre todo en la Dialéctica de la *Crítica de la razón práctica*, en *La religión dentro de los límites de la mera razón* y en otros escritos breves entre los que destacan *La paz perpetua* e *Idea de una Historia universal en clave cosmopolita*. Tras la pregunta por la esperanza subyace la apuesta por que el mandado de la razón no sea en vano. No puede ser en vano el esfuerzo de una persona, y de la humanidad a lo largo de su historia, de mejorar el mundo con su acción por deber, lo que implica que la acción impacte en el mundo físico, que deje huella en él. Con la pregunta por la esperanza se introduce el concepto de *bien supremo*, síntesis de moralidad y felicidad, del deber ser y del ser. El bien supremo es el fin final que persigue una voluntad buena. El deber exige la realización de la libertad en el mundo. Es el fin consecuencia, es decir, el resultado global de las acciones morales, el mundo mejor que pensamos que creamos con nuestro obrar moral.

La respuesta se despliega en una doble vertiente, la individual y la colectiva. En cuanto ser limitado, no puede más que esforzarse por llevarlo a cabo, que tenga éxito no solo depende de él. Esa síntesis de moralidad y felicidad requiere de los postulados de la inmortalidad del alma y a Dios en la respuesta en su vertiente personal o individual. En la vertiente colectiva, Kant ofrece dos respuestas a la esperanza: una, inmanente e histórica; la otra, trascendente y religiosa.

La esperanza del bien supremo en su dimensión inmanente e histórica a nivel de humanidad, en el plano político y jurídico, exige la realización de la paz perpetua, favorecida por un cosmopolitismo de confederación de nacionales. Se trata de terminar con la guerra, que es mala en ella misma y que deja más gente mala de la que se lleva, como dice el refrán oriental que nuestro autor cita en *La paz perpetua*. La paz perpetua es el postulado de un cosmopolitismo político que ha de ser posible en el mundo gracias a una tarea moral continuada de la humanidad. La dimensión religiosa confía en una conversión de los corazones avalada por un Dios que armonizará moralidad y felicidad.

En cualquier caso, se precisa de ayuda y de fe. La esperanza en Kant es imposible sin una fe racional, que es una fe moral. Fruto de la labor de hacer el deber por deber, ha de ser posible un mundo mejor.

El filósofo prusiano ha insistido en que la ética no es la disciplina que nos hace felices; que las éticas materiales, que proponen un objeto bueno en cuyo logro consiste la felicidad, caen bajo los imperativos hipotéticos de la prudencia que, como ya hemos visto, no son el objeto propio de la moralidad, pues de ahí no se deriva ley moral ni autonomía. La felicidad es un estado empírico en el que sentimos placer por la satisfacción de nuestros deseos. Kant define la felicidad como «el estado de un ser racional en el mundo, al cual en el conjunto de su existencia *le va todo según su deseo y su voluntad*».[1] En cuanto anhelo universal al cual de facto ya tendemos, no tiene ningún sentido que se mande. A pesar de que el anhelo es universal, no lo es el objeto que lo colma; y ello por dos motivos. El primero, porque al ser la felicidad una sensación de

[1] KpV V, p. 124; p. 175.

placer, no podemos saber si la satisfacción real del deseo es la que habíamos pensado, es decir, que hasta que no hemos colmado el deseo no sabemos a ciencia cierta si realmente nos hace felices. Dicho de otro modo, una cosa es la expectativa del deseo y otra lo que sucede tras haberlo satisfecho. Por ello, la felicidad siempre es a posteriori, solo su experiencia la acredita. Todo depende de cada individuo en particular y en un momento determinado.

El segundo motivo es que Kant cree que quienes defienden un contenido concreto definitorio de la felicidad incurren en el perfeccionismo, por el que se afirma que lo que a uno lo hace feliz debiera hacer felices a todos. Cuando se define la felicidad de manera muy clara, como florecimiento, como ataraxia o como imperturbabilidad, como hacen, respectivamente, Aristóteles, Epicuro y los estoicos, se generaliza una concepción particular; y generalizar una inducción incompleta desde una experiencia particular y contingente es muy poco riguroso. Pero es que, además, políticamente puede llegar a ser totalitario, al imponer un modo de vida. Por estos motivos, en la ética posterior a Kant se suele separar la felicidad de la justicia, la vida buena de la vida justa.

Ahora bien, si en la *Fundamentación de la metafísica de las costumbres* y en la Analítica de la *Crítica de la razón práctica* Kant ha dejado claro que lo propio de la ética es la autonomía, que se identifica con hacer el deber por deber, ¿no traiciona ahora que esa razón pura que pone interés en la acción para que esta sea correcta espere algo a cambio? Si lo propio de la ética kantiana es la deontología, hacer el deber por deber, nada más debería añadirse a la recta intención. Incluso, más concretamente, con la apelación a los postulados de la inmortalidad y a Dios, ¿no contraría esa tesis la fundamentación de una ética que había separado la autoridad moral de la religiosa? Pareciera que el Dios que, junto con la metafísica dogmática, había sido expulsado por la puerta grande ahora se cuela por la ventana para hacer posible la síntesis de moralidad y felicidad. Por eso algunos kantianos consideran que esta pregunta por lo que cabe esperar traiciona su ética anterior y la ingente labor de fundamentación que ha llevado a cabo el filósofo de Königsberg.

Se puede responder a estas críticas insistiendo en que, según Kant, el ser humano no obra por la esperanza, pero tampoco puede obrar sin ella. Ernst Bloch en *El principio esperanza* resume muy bien su importancia cuando afirma que la razón no puede prosperar sin esperanza en el éxito de sus empresas, ni la esperanza sin razón.[2] El humano, criatura limitada de muchas maneras, no puede dejar de esperar un fin, un objeto, un mundo mejor que progresa hacia el pleno desarrollo de la humanidad, fruto de la síntesis de moralidad y felicidad, no siendo la felicidad el motivo por el que lo hace. Para nuestro filósofo la pregunta por qué obramos no es idéntica a la de para qué lo hacemos. Si bien la fundamental es la primera, en absoluto es irrelevante la segunda. La esperanza no es la condición de posibilidad de la moralidad, pero sí su condición de sentido, tanto a nivel personal como de humanidad.

Fomentar el progreso requiere garantizar la obediencia al orden para que sea estable, pues la estabilidad es necesaria para pensar. Por todo ello se precisa de Política y Derecho. Kant comparte con Hobbes un cierto pesimismo sobre la naturaleza humana, le es constitutiva al humano la *insociable sociabilidad*. Consideraba el alemán que, de un leño tan torcido como es el ser humano, nada recto puede salir.[3] El humano se sabe propenso a oponerse a los demás y espera de ellos lo mismo. De ahí la necesidad del Derecho, como coacción externa, y del Estado como poder fáctico para hacerlo

---

2 Bloch, E., *El principio esperanza*, Madrid, Aguilar, 1977.
3 Idee VIII, p. 23; p. 12.

eficaz. Sin ellos no hay Ilustración. La política es el medio indispensable para el progreso.

Aunque Kant defendió los ideales de la Revolución francesa, no consideró legítima la revolución; con Hobbes, y contrariamente a Locke y a Rousseau, no aceptó el derecho a la rebelión. Para él es una contradicción lógica: no es posible la existencia de dos autoridades últimas, el pueblo y el gobernante. Con ánimo de mejorar las organizaciones, esta vez a un nivel más *meso,* debe ser posible discutir públicamente lo mandado, ese uso público de la razón debe conciliarse con su uso privado en aras de la estabilidad y el funcionamiento de las organizaciones y las instituciones. A continuación, analizaremos todas estas consideraciones con más detenimiento.

3.1. La esperanza personal

Para Kant el bien supremo es el objeto necesario de una voluntad ya buena, es decir, ya determinada moralmente. Este objeto, este fin final que se espera de la actuación por deber, es una *síntesis* de moralidad (voluntad buena) más felicidad (satisfacción empírica de los deseos). El bien supremo engloba ambos elementos claramente diferenciados. La felicidad, como deseo natural, no necesita ser mandada. Los humanos, por naturaleza, tendemos a buscar la felicidad. Lo único universal en ella es el anhelo, el contenido solo puede saberlo cada individuo a partir de su experiencia concreta y particular. En esto el filósofo prusiano vuelve a marcar la diferencia. En efecto, aunque Aristóteles distinguió moralidad (virtud) y felicidad (eudaimonía), no las separó. Los estoicos y los epicúreos sí las fundieron analíticamente. En el caso de los epicúreos, porque al ser feliz ya se es virtuoso; y en el caso de los estoicos, porque su noción de virtud ya incorpora la felicidad.

Para el prusiano, contra la tradición, la diferencia entre moralidad y felicidad es radical y de ella depende la moralidad misma, como deja claro el siguiente texto:

Cuando esta diferencia no se respeta, cuando se erige como principio la *eudaimonía* (el principio de la felicidad) en vez de la eleuteronomía (el principio de la libertad de la legislación interior), entonces la consecuencia es la eutanasia (la muerte dulce) de toda moral.[4]

La noción de bien supremo deriva coherentemente de la limitación y la finitud humanas. El humano es un ser que no puede dejar de proponerse fines, algunos de los cuales son mandados por la razón. La humanidad como fin en sí es el fin fundamento, es decir, el motivo por el que se determinaba la voluntad, el valor absoluto en la ética kantiana. No se deja de esperar que se derive una consecuencia, una realidad objetiva en el ámbito fenoménico de lo que uno, con su acción, ha querido introducir en el mundo. El fin fundamento (el fundamento de determinación de la máxima), el propósito que siempre está presente a la hora de determinarse a actuar, no es el fin consecuencia, esto es, el objeto que no se deja de esperar lograr con la acción. Precisamente porque son diferentes, el hecho de que no logre el segundo, que no se deja de esperar, no pone en peligro la acción, porque no es ese el motivo que la determina. La moralidad no se fundamenta en la esperanza de lograr la felicidad, pero no puede dejar de esperarla. No deja de tener esperanza, mas esta no es el motivo por el que se actúa.

Pongamos un ejemplo. Visitar a mi amigo enfermo es mi deber; creo, además, que el mundo es mejor cuando nos comportamos como seres que nos acompañamos especialmente

4 MdS VI, p. 378; p. 227.

en momentos malos. No dejo de esperar que mi visita le hará sentirse acompañado, le hará bien. Mas lo único que de mí depende es ir al hospital, a pesar de que me cuesta, porque está lejos y, entre otros inconvenientes, me llevará tiempo. Podemos incluso imaginar que, cuando llegue a la habitación, mi amigo esté muy aturdido por las altas dosis de fármacos que le han suministrado y no me reconozca. Tampoco en este caso dejaré de esperar que no será en vano haber ido, y creo que eso es lo que cualquier persona en esa circunstancia debería hacer. Vemos así que no es la consecuencia, que puede o no suceder (a saber, que mi amigo y yo nos sintamos bien), el motivo que me mueve a actuar. Siempre queremos algo, y al quererlo también deseamos que tenga un impacto que, en último término, mejore el mundo, mejora que nos genera felicidad.

Para Kant ha de ser posible el objeto necesario de una voluntad que se esfuerza por ser buena, puesto que debe serlo. Dicha posibilidad exige, en la perspectiva individual, dos postulados: Dios y la inmortalidad del alma. Dios es el intermediario que garantiza la síntesis de ambos polos del bien supremo, de los cuales, la moralidad es el elemento fundamental. La inmortalidad del alma garantiza el tiempo que se necesita para forjar una buena voluntad, ya que no todo el mundo dispuso del mismo en la vida terrenal.

Recordemos que el sujeto no puede saber de sí mismo, a ciencia cierta, que su intención ha sido totalmente sincera. Puede creer en la perseverancia en la virtud, en su continuo esfuerzo por cumplir el deber; puede creer en la sinceridad de su «corazón», como a veces llama Kant a esa intención pura, pero no tiene un conocimiento que se lo garantice.

Insiste nuestro autor en que la humana nunca es una voluntad santa, pues el deber le cuesta más o menos, según vaya progresando en el hábito de la virtud; pero como esta siempre se puede perder y ponerse en cuestión, no es conquistada nunca del todo por nadie. Asimismo, también nos recuerda que los humanos somos expertos en autoengaño con tal de no vernos ante nuestros propios ojos como seres despreciables o mezquinos. El prusiano admite cierto contento de sí, cierta alegría al ver el esfuerzo por perseverar en el deber, pero no hay garantía alguna de que esa *felicidad moral* sea la felicidad física que la gente de buena voluntad merece más que nadie. En eso el filósofo alemán no es un estoico. La felicidad que merece el ser humano no es la de conformarse con su saberse digno, porque ese saberse ni es del todo cierto, porque en cualquier momento puede flaquear esa convicción y porque no se le permite la constatación de su conciencia nouménica.

La felicidad del bien supremo es la felicidad física, fenoménica, y debe ser proporcional al merecimiento moral. La síntesis consiste en ser bueno y, en proporción, obtener la felicidad que se merece. Y para dicha síntesis se precisa de Dios:

> Por eso no es propiamente la moral la doctrina de cómo nos hacemos felices, sino de cómo debemos llegar a ser dignos de la felicidad. Solo después, cuando la religión sobreviene, se presenta también la esperanza de ser un día partícipe de la felicidad en la medida en que hemos tratado de no ser indignos de ella. [5]

El esfuerzo de la buena voluntad merece que el mundo sea mejor que si esa voluntad no hubiera intervenido en él. Y ello tanto a nivel personal, de un individuo, como a nivel de la humanidad. Se trata de ambas cuestiones, de que la persona que merece la felicidad, dada su moralidad, finalmente la tenga,

---

5 KpV, V; p.130; p.182.

y de que su esfuerzo por hacer feliz al prójimo también acontezca en el mundo sensible. La moralidad depende de nosotros en cuanto seres nouménicos. La felicidad pertenece a nuestra dimensión fenoménica. Kant nos ha dicho que la voluntad es buena por lo que hace, no por lo que logra haciendo. Ahora bien, que la buena voluntad, determinada por el deber, por la autonomía, no tenga ninguna eficiencia en el mundo, que una razón que ordena ser mejor y hacer el mundo mejor haciendo felices a los demás sea ineficaz, resulta absurdo. Nuestro autor no aceptaría, a lo Sartre, que el humano sea una pasión inútil.

Dios y la inmortalidad del alma hacen posible el objeto de deseo de una voluntad ya buena, el fin consecuencia que se espera por haber hecho lo correcto, el deber por deber. ¿Por qué se requiere de un agente que medie para hacer posible la síntesis de moralidad y felicidad? Al parecer de Kant, solo Dios podría garantizar ambas dimensiones. Solo Dios dispone de la intuición intelectual de saber la auténtica moralidad de la persona (moralidad que, en el ser humano, nunca es santidad, sino virtud, es decir, esfuerzo y lucha por perseverar en la obediencia a la ley, cumpliendo el deber por deber) y de la capacidad de adecuar el mundo sensible procurando que se satisfagan los deseos, es decir, la felicidad.

El filósofo prusiano insiste en que la santidad no es lo propio del ser humano, que a lo máximo que podemos aspirar es a la virtud, al esfuerzo por que la voluntad, en la lucha interna con las inclinaciones, escoja como fundamento de determinación el deber. Como todas las personas deben gozar de igualdad de oportunidades para forjarse esa buena voluntad, al menos en la posibilidad de disponer de tiempo suficiente para progresar en la virtud, Kant considera que la inmortalidad del alma es la condición que permite la forja de la buena voluntad. Así se garantiza que cualquier individuo disponga de todo el tiempo que necesite en su fin-deber de autoperfección moral.

Ahora bien, postular la inmortalidad comporta algunos problemas de coherencia en el seno de la filosofía kantiana. Si nunca el humano va a lograr la santidad; si el mal radical consiste en que, en cualquier momento, en un abuso de libertad, el sujeto puede actuar inmoralmente, pero Dios, por intuición intelectual, puede detectar la conversión del corazón por la que el ser humano se determina a actuar por deber y a perseverar en la intención, ¿para qué hace falta la inmortalidad? Además, si el tiempo es una forma pura a priori de la sensibilidad y esta supone el cuerpo, una vez muertos, ¿de qué tiempo estamos hablando? ¿Qué tipo de lucha hay que librar eternamente si las inclinaciones dependen de la sensibilidad empírica?[6]

Estos problemas sobre la capacidad de Dios de captar la autenticidad de la conversión del corazón, valiendo el esfuerzo perseverante por el todo, la dificultad de suponer un tiempo distinto a la forma pura a priori de la sensibilidad y la defensa de unas inclinaciones que no vienen de la sensibilidad explicarían que el mismo Kant, después de la *Crítica de la razón práctica,* dejase postergado este postulado. No obstante, a nuestro parecer, sigue manteniendo coherencia para el caso de quienes, esforzándose en la virtud, fueron humillados y ofendidos, o simplemente tuvieron mala suerte, en su vida terrenal. Sería una especie de justicia compensatoria, pues deberían poder obtener, aunque fuera en otra vida, esa síntesis de moralidad y felicidad, para que quien merece la felicidad finalmente la disfrute.

No olvidemos que el Dios postulado, que no demostrado, no es el Dios metafísico-dogmático. Recordemos que «un postulado es una proposición teórica, pero no demostrable como tal, en cuanto depende inseparablemente de una ley práctica

---

6 Colomer, E., *El pensamiento alemán de Kant a Heidegger I. La filosofía trascendental: Kant,* Barcelona, Herder, 1993.

incondicionalmente válida a priori».[7] Dios no es condición de posibilidad de la moralidad, como era la libertad, sino del objeto querido por la voluntad buena. Dios es condición de sentido, de que no sea en vano el esfuerzo. Ciertamente, se postula como condición de posibilidad del bien supremo, pero no es una demostración de su existencia. Dios es objeto de fe racional, que es fe moral. Que Dios sea postulado permite dejar lugar a la fe, una fe que surge de estos límites del conocer y del obrar. Gómez Caffarena resumió excelentemente la inversión que realizó Kant en la fundamentación de la moral en la religión. Dice la escolástica:«Sé que Dios existe. Manda. Luego debo». En cambio, el filósofo de Königsberg dice: «Debo. No puedo sin Dios. Luego creo que Dios existe».[8] Kant se mantuvo fiel a la idea del límite del saber racional, al deseo racional de conocer lo absoluto. Dicho límite dejaba un lugar a la fe y a la esperanza en el futuro. Define la fe racional como un tipo de asentimiento (es decir, tener por verdadero) de la razón práctica de un ser que tiende a buscar el resultado de sus acciones a pesar de la limitación de sus fuerzas. La fe racional «es una confianza en la consecución de un propósito, cuya persecución es deber y la posibilidad de realización del mismo, sin embargo, no podemos nosotros apercibirla».[9] La fe da confianza, no seguridad.

Además, el ser postulado conlleva ventajas para la moralidad y para la fe religiosa: para la moralidad, porque esta exige un esfuerzo continuo y convencido, sin condiciones ni mercadeos respecto de esperanzas que motiven la acción. Y para la religión, al situarla, para un ser limitado como es el humano, en el ámbito que debe ocupar: dentro de los límites de la mera razón allende el dogmatismo.

7 KpV. V., p. 122; p. 172.
8 Gómez Caffarena, J., «Respeto y utopía, ¿dos fuentes de la moral kantiana?», *Pensamiento* 34 (1978), p. 272.
9 KU V, p. 471; p. 392.

Kant resume muy bien la posibilidad que para la moralidad y la religión abre la limitación de la razón teórica en la *Crítica de la razón práctica*.[10] Dicha incognoscibilidad permite el valor moral de las acciones y la esperanza humilde propia de un ser limitado. Si supiéramos a ciencia cierta que Dios existe, nos comportaríamos como burdos mecanismos, haciendo, sin convicción, lo que es correcto, simplemente como cálculo estratégico de lo que está en juego. Se trataría de obrar para evitar el castigo, de obedecer a Dios para lograr su beneplácito y obtener la salvación eterna. Seríamos, dice Kant, cual marionetas; todos gesticularíamos muy bien, pero sin vida. No habría valor moral en las acciones por falta de voluntad pura, buena; nadie actuaría por deber, más bien unos lo harían por temor y algunos otros por esperanza. Dicho brevemente, es bueno que no conozcamos que Dios existe. En palabras del propio Kant:

Ahora bien, nosotros estamos constituidos de muy distinta manera, y a pesar de todos los esfuerzos de nuestra razón solo podemos tener en el futuro una perspectiva muy oscura y equívoca. El regidor del mundo nos deja conjeturar su existencia y su majestad, pero no verla ni demostrarla claramente; en cambio, la ley moral en nosotros, sin prometernos ni amenazarnos de nada con seguridad, exige de nosotros respeto desinteresado, y, por lo demás, cuando este respeto ha llegado a ser activo y dominante, y solo por eso, nos permite perspectivas en el mundo suprasensible, aunque solo con mirada débil; por eso puede haber una verdadera disposición moral de ánimo consagrada inmediatamente a la ley, por eso puede la criatura racional llegar a ser digna de participar en el bien supremo en la medida adecuada al valor moral de

10 KpV V, p. 147; p. 204.

su persona y no solo a sus acciones. [...] y es que la sabiduría impenetrable por la que nosotros existimos no es menos digna de veneración en lo que nos ha negado que en lo que nos ha concedido.[11]

3.2. La esperanza de la humanidad

En clave de historia de la humanidad, la noción del bien supremo se concreta en la realización en el mundo fenoménico del reino de los fines, una comunidad ética cosmopolita. Para ello va a ser necesaria la política, el derecho y la filosofía de la historia. Según esta última, la historia es el proceso que, mediante la creación de una confederación mundial de Estados, conduce al bien supremo.

Kant no usa el nombre de filosofía de la historia, él habla de historia filosófica. Tampoco tiene un libro dedicado a ella. La trata en un conjunto de textos breves, entre los que destaca *Idea de una historia universal en clave cosmopolita,* de 1784. En ellos aborda la cuestión del sentido y el progreso de la historia y se postula el progreso histórico, por el cual el mundo fenoménico se va modelando para hacer real el reino de los fines.

En sus opúsculos sobre la historia filosófica, Kant insiste en que no se trata de hacer de historiadores y, empíricamente, explicar la historia, sino de comprenderla desde la filosofía, lo que implica apelar a la teleología. Para nuestro autor solo podemos comprender la historia si suponemos un plan que obedece a un principio teleológico, a una finalidad, respecto al cual ordenar las acciones. Y el fin final de la historia será el desarrollo completo de las disposiciones de la humanidad, únicamente posible en una comunidad política y ética.

---

11 *Ibid.,* p. 148; p. 205.

Ese principio teleológico supone una inteligencia que ordene las acciones para que se encaminen al fin final. Kant llama a dicha inteligencia, indistintamente, Naturaleza, Providencia o Destino, aunque se decanta más por Naturaleza (la escribiremos en mayúsculas para distinguirla de la naturaleza fenoménica, objeto de conocimiento empírico), pues este término está más en sintonía con los límites de la razón y es menos pretencioso que los otros dos. No obstante, no se trata de defender un determinismo que imposibilita la libertad en la historia. Se trata más bien de concebir la historia *como si* tuviera sentido, el de encaminarse a realizar plenamente las potencialidades de la humanidad.

En la *Crítica del juicio* nuestro filósofo había mantenido que para entender la naturaleza se necesita que el entendimiento ordene según fines, y distingue entre juicios determinantes y reflexionantes. Los primeros informan sobre los objetos, son juicios constitutivos. Los segundos son regulativos, sirven para canalizar el proceso intelectual del sujeto al considerar algunos objetos. Tanto el filósofo de la naturaleza orgánica como el filósofo de la historia usan una estrategia hermenéutica, interpretativa, para hacer inteligibles los objetos que quieren comprender, que no explicar. No se trata entonces de conocer el sentido de la historia, sino de creer en él para trabajar por él. La filosofía de la historia tiene así un sentido práctico, en cuanto preguntar por el sentido es preguntar por su finalidad. Ernst Cassirer lo ha explicado excelentemente:

> Así como solo se conseguía penetrar plenamente en la vigencia de las leyes naturales al comprender que no es que la naturaleza *tenga* leyes, sino que es, en rigor, el concepto mismo de *Ley* el que determina y constituye el concepto de naturaleza, la historia no posee tampoco, ni siquiera accesoriamente, un *sentido* y una *finalidad* peculiares, considerada como un contenido, por lo demás, fijo, de hechos

y acontecimientos, sino que es la misma premisa de este sentido la que crea por su propia posibilidad la posibilidad y la significación específica de la historia.[12]

De ese modo, la pregunta por la historia versa sobre la realización fáctica de lo que cabe esperar, y es tanto una cuestión teórica como práctica. Es teórica, porque se limita a comprender subjetivamente, desde la interpretación de los humanos, mediante juicios teleológicos reflexionantes, no constitutivos. Y es práctica, porque obedece a una exigencia de la razón de explicar la realizabilidad del bien supremo. La historia ha de tener un sentido por razones morales. Sin la creencia en ello desfallecen las fuerzas humanas para lograr con sus acciones un mundo mejor que la razón nos impone como tarea. No hay, pues, un plan realmente existente, constitutivo, de la Naturaleza. La teleología es regulativa, sirve para orientar el progreso hacia el desarrollo de la humanidad, generándose así la síntesis entre el ser y el deber ser.

Es obvio que desde un punto de vista individual las personas no tienen ese plan y que para cada uno la historia se nos presenta como un conjunto caótico de acciones. La brevedad de la vida individual, la lentitud del aprendizaje, la dependencia respecto de los otros, los proyectos ilimitados de la razón, son algunos de los motivos que impiden a un individuo lograr el pleno desarrollo de la racionalidad. Solo en perspectiva cosmopolita, desde el punto de vista global del género humano, puede dotarse de orden a esa sucesión rapsódica de acciones. El progreso histórico se presenta como un postulado para la realización del bien supremo en este mundo, ahora en clave de especie, como Kant se refiere al hablar del curso histórico de la humanidad. Se trata así de que las generaciones futuras

12 Cassirer, E., *Kant. Vida y doctrina*, México, Fondo de Cultura Económica, 1993, p. 269.

completen el esfuerzo en este empeño de cada persona particular. Por eso es la humanidad la verdadera protagonista de la historia. La racionalidad demanda este postulado histórico-teleológico, ya que se trata de una labor interminable.

El desarrollo completo de las disposiciones de la humanidad a lo largo de la historia pone de relieve que la racionalidad no es algo plenamente dado a cada individuo, sino que se debe conquistar a lo largo de dicho proceso histórico sin el cual el humano no devendría tal. La racionalidad, pues, no es un mero don, ya dado, sino una facultad que hay que ir realizando, siendo la historia el proceso gradual de ese desarrollo. Este desarrollo racional abarca aspectos pragmáticos y técnicos, pero es el desarrollo moral, el último en lograrse, el más importante y al que debe coadyuvar el resto para que, efectivamente, sea progreso, esto es, la realización de la mayor autonomía posible en el mundo.

Esto no convierte al individuo en un mero medio al servicio de un fin colectivo. Él mismo se beneficia del esfuerzo de las generaciones anteriores. Recordemos que para el filósofo prusiano la moralidad de un individuo, su autoperfección moral, depende de trabajar por la felicidad del prójimo. Su felicidad personal, proporcional a su moralidad, también depende de su esfuerzo por la felicidad de los otros.

La historia no solo adquiere sentido en el trabajo por la posteridad, pues cada persona necesita tiempo para desarrollar sus facultades, necesita educación y una comunidad para que cada uno de nosotros lleguemos a ser propiamente humanos, lo que depende del grado de desarrollo alcanzado por quienes nos precedieron y al que se debe contribuir a mejorar. Por ello las generaciones posteriores deberían disfrutar de un mundo mejor que las anteriores.

Kant reconoce que resulta extraño que la persona no disfrute del mundo mejor, al que ella coadyuva a crear con su esfuerzo moral. Pero considera que ese es el precio de la constitutiva finitud humana. No obstante, hasta esa limitación comporta ventajas morales: al esforzarse por la felicidad de los demás, al trabajar por mejorar el mundo futuro que no habitaremos, se pone de relieve el verdadero interés moral: no se obra por interés, aunque se pone mucho interés en ello. A no ser que se busque la fama en la posterioridad, ese esfuerzo altruista dice bastante de la pureza de la intención.

Como puede apreciarse, la fe en el progreso histórico, igual que los postulados de Dios y la inmortalidad, hacen posible el bien supremo, el objeto que se propone la buena voluntad. Y si, en clave individual, este se espera lograr en otro mundo, ahora, con el postulado del progreso histórico, solo la especie lograría el bien supremo, pero esta vez en este mundo. De ese modo Kant nos ofrece una lectura más secular del bien supremo.

Así como, a nivel individual, creer en Dios era un deber *indirecto* para hacer posible el bien supremo, ahora Kant propone este postulado, el deber indirecto de creer en el progreso de la humanidad. El mandato directo es la promoción del bien supremo, pero se necesita de un complemento, lo que exige la confianza en la capacidad de las personas para acercarse históricamente al reino de los fines. No se trata de vaticinar teóricamente el futuro, sino de, prácticamente, convertir en deber trabajar con miras a esa finalidad. Él mismo lo resume del siguiente modo:

Los argumentos empíricos contra el éxito de estas resoluciones tomadas de la esperanza son aquí del todo inoperantes: la suposición de que cuanto hasta ahora aún no se ha logrado solo por eso tampoco se va a lograr jamás no autoriza en modo alguno a desistir de propósitos pragmáticos o técnicos (como, por ejemplo, el de viajar por el aire en globos aerostáticos), y menos todavía de un propósito moral, pues respecto de este último basta con que no se haya demostrado la imposibilidad de su realización para que constituya un deber.[13]

La filosofía de la historia, desde el postulado del progreso histórico de la humanidad, propicia lo que intenta comprender. Mediante una historia a priori «es el propio adivino quien causa y prepara los acontecimientos que presagia».[14] En el escrito «Replanteamiento de la cuestión sobre si el género humano se halla en continuo progreso hacia lo mejor», Kant defiende que hay que creer en la realización histórica del proyecto moral. Denomina «eudemonista» a su propuesta de creer en el progreso histórico. La fe en el progreso histórico no es un consejo, ni una mentira útil para hacer más llevadera la existencia; ni siquiera es, como se diría hoy, un optimismo desinformado. Se trata de una exigencia de la razón práctica: lo que ella manda ha de ser posible. No olvidemos que para nuestro filósofo el deber conlleva la posibilidad de su realización. No acepta la opción del continuo retroceso hacia lo peor, opción que denomina «terrorista», pues es contradictorio querer terminar con la humanidad. Y tampoco acepta la opción del estancamiento perpetuo, ya que considera necio declarar el sinsentido de todo convirtiendo en vanos los esfuerzos morales.

En definitiva, la teleología regulativa se fundamenta en una teleología moral: si el ser humano debe desarrollarse plenamente, ha de poder hacerlo. La dignidad humana, la autonomía, han de poder realizarse en la historia. No sabemos si la historia tiene un sentido, pero es nuestro deber actuar como si lo tuviera, porque, si hay un deber moral de crear un mundo mejor, fin final de la historia y bien supremo de la humanidad, tiene que ser posible.

Entre los medios esenciales para este progreso, tanto individual como colectivo, hacen falta la política, por supuesto,

13 SeD VIII, pp. 309-310; p. 55.
14 RC VI, p. 80; p. 80.

una política fundamentada en lo moral, y un determinado ordenamiento jurídico (Derecho). La filosofía de la historia kantiana, precisamente para promover un mundo mejor, conciencia sobre la tarea moral de construirlo. En primer lugar, es una exhortación a los políticos para que creen la paz en la federación de naciones y fomenten la ilustración mediante la educación y la cultura. Para nuestro filósofo se les evaluará su desempeño según lo que hayan hecho a favor o en contra de un punto de vista cosmopolita. Asimismo, en segundo lugar, es una exhortación a los ciudadanos, para que se atrevan a pensar por sí mismos y más allá de ellos mismos.

3.3. La esperanza en la política

Según Kant, los seres humanos tienden a la insociable sociabilidad: su inclinación a vivir en sociedad es inseparable de una hostilidad que amenaza constantemente con disolver esa sociedad. En cuanto ser sensible, el humano busca el bien particular; en cuanto ser racional, es capaz de reconocer la ley moral en su interior y la comunidad pacífica que surgiría de obedecer una ley universal de libertad. Por eso no basta con la moral, hacen falta límites externos, en palabras de nuestro autor, necesitan un señor que represente la autoridad y contenga aquellas tendencias insociables.

En toda ordenación teleológica, los elementos deben coadyuvar al fin. Pues bien, para Kant en ese plan de la Naturaleza incluso la insociabilidad, el antagonismo entre los humanos, juega su función: les saca de la pereza, incentiva la cultura (entendida como la habilidad para lograr fines) y genera civilización (esto es, legalidad en las acciones en cuanto conductas externamente correctas). Incluso la guerra tendría la paradójica misión de coadyuvar a la paz.

Kant define el Derecho como «el conjunto de condiciones bajo las cuales el arbitrio de uno puede conciliarse con el arbitrio de otro según una ley universal de libertad».[15] El Derecho se ocupa de las acciones, no de intenciones, y de deberes estrictos, es decir, aquellos que son de obligado cumplimiento. Como al ordenamiento jurídico le interesa el comportamiento, lo que se ve, Kant habla del arbitrio, pero siempre bajo la ley de la libertad. Por eso no es legítimo cualquier ordenamiento jurídico: este debe posibilitar el ejercicio de la libertad, que solo puede llevarse a cabo en un entorno de paz. De ahí que el Derecho deba rendir pleitesía a la moral, que no ordena más que la libertad. El ordenamiento jurídico surge para proteger los derechos (facultades morales), y es la libertad el único derecho innato que Kant reconoce, del que emanaría el resto. Por ello hay un deber moral indirecto de obedecerlo, en cuanto regulador de la convivencia para garantizar el ejercicio de la libertad.

En resumidas cuentas, es un deber moral ingresar en una comunidad política que debe, progresivamente y gracias al Derecho, mejorar las condiciones de convivencia y libertad. El Estado, gracias al Derecho, a la coacción y al poder, posibilita la libertad externa de los arbitrios. Pero esa coacción requiere del consentimiento de quienes deben obedecerlo, pues, si no, se elimina la libertad misma que se ha de posibilitar. Este consentimiento exige la voluntad común y unida de los miembros de la comunidad cuya convivencia pacífica y libre el Derecho facilita.

En línea con el contractualismo de su época, Kant también apela a un estado de naturaleza. Tal estado no es un periodo histórico, una especie de idílica edad de oro a la que regresar. Tampoco es el estado que por naturaleza el humano ha de tener. En el estado natural, hay sociedad, pues los humanos

---

15 MdS VI, p. 230; p. 39.

son seres sociales, mas no hay Estado, una comunidad política
con autoridad legítima y poder coactivo que obliga al cumplimiento de las leyes y garantiza la paz. Su nombre, en línea
con la tradición filosófica, alude a lo que sería un primer es-
tadio, que es un deber superar, anterior al estado civil. Se trata
más bien de una idea de la razón que explicaría la legitimidad
del estado civil, posibilitando que la autonomía personal sea
real.

En línea con Rousseau, el filósofo de Königsberg asume
que el motivo fundamental de la discordia entre los seres humanos es la propiedad, el derecho a usar una cosa y a prohibir
su uso a otros sin el consentimiento del dueño. Toda persona
tiene derecho a la libertad y por ello a adquirir algo exterior.
Para nuestro filósofo, no se puede legitimar la propiedad ni
apelando a un derecho natural ni a la apropiación por el trabajo, pues este ya supone una previa apropiación originaria
como tenencia física. La propiedad privada exige la originaria
propiedad común: «tiene que haber alguna adquisición originaria de lo exterior, porque toda adquisición no puede ser
derivada».[16]

La propiedad es el primer derecho adquirido, en cuanto
efecto del ejercicio de la libertad externa, pues de algún modo
usar cosas significa poseerlas. En el estado de naturaleza la
posesión es algo provisional y por eso es continua la amenaza
de guerra, lo que genera inestabilidad. Es necesario un consentimiento comunitario de la propiedad privada. Si la primera adquisición ha de ser legítima, y no un hurto, considera
Kant que hay que postular una comunidad originaria del suelo
y lo que hay en él. Apela así a una comunidad que legitime las
posesiones originarias. Esta comunidad supone tanto la voluntad de una persona como el acuerdo con la voluntad co-

16 *Ibid.*, p. 265; p. 81.

mún de todos los miembros de la comunidad de respetar las propiedades. De ese modo, Kant supone, como postulado jurídico, que no hay cosas sin dueño y que es la comunidad la propietaria originaria. De forma que la propiedad privada solo se justificaría desde una comunidad originaria poseedora del suelo. Este postulado de la razón permitiría imponer a los otros abstenerse de usar lo declarado como propio de uno al poseerlo con antelación a otros, y a la inversa, a abstenerse uno de lo apropiado por otros. Esta idea es la condición del nacimiento de la sociedad civil, del Estado. Se supone que la primera posesión se produce por tenencia física del primero que lo consiga. Sin embargo, hasta Kant admite la dificultad de decidir sobre el límite de esta propiedad privada, sobre la cantidad y la calidad de lo que le está permitido obtener a cada uno.

El imperativo categórico en clave política exige salir del estado natural y fundar uno civil, un Estado donde no haya guerra, un Estado donde se pone freno continuo a la violencia. Así fundamenta racionalmente Kant el Derecho y la comunidad política que este posibilita. Y de ese modo hace real la libertad en el mundo fenoménico para que se pueda vivir bien, en una síntesis de moralidad y felicidad a nivel colectivo. Al declarar la necesidad racional del Estado y convertir en deber su institucionalización, va más allá del contractualismo. Hacemos el contrato por deber, no por cálculo estratégico.

El estado de naturaleza no es de guerra declarada, sino de inseguridad y provisionalidad. La razón nos dicta el deber de abandonar ese estado natural y crear un Estado, una comunidad política, con autoridad legítima, con capacidad coactiva para hacer respetar la libertad innata de toda persona y, con ella, las propiedades privadas. Queremos insistir en que lo que hay que asegurar es la libertad y, derivado de ella, la propiedad, no a la inversa.

La libertad es el único fundamento también para la filosofía política kantiana. Igualmente, esta fundamentación racional del Estado deja al margen los fines concretos de los sujetos,
algo material y empírico, del que se derivarían imperativos
hipotéticos. Para Kant debemos constituir comunidades políticas no porque sea conveniente a nuestros fines, sino para
posibilitar la búsqueda libre de cualquier fin. Es una fundamentación racional a priori del Estado que concuerda con el
antieudemonismo empirista de nuestro autor: si el Estado impone fines, deviene paternalista y despótico, al contradecir la
función que le corresponde, a saber, la protección del derecho
a la libertad. El mandato racional de entrar en un estado civil
deriva del mandato moral de ejercer la autonomía. Es un imperativo categórico entrar en él.

En resumidas cuentas, es un deber salir del estado de naturaleza. La comunidad política surge por un contrato originario por el que se unifica el arbitrio de todos y cada uno de
los miembros de una sociedad en la decisión de constituirse
en comunidad. El contrato originario no es histórico, es una
idea *a priori* de la razón con realidad práctica posibilitante de
la fundamentación de las comunidades políticas o Estados.

El estado civil no puede prescindir del de naturaleza, pues
este da razón de la coacción previa al pacto que lo posibilita
y legitima. La libertad, en cuanto derecho innato, posibilita la
coacción sobre uno y los otros a entrar, mediante pacto, a un
Estado para que el ejercicio de la libertad quede asegurado
gracias a la paz que aquel posibilita. La comunidad política
explicita el compromiso de todos con las leyes públicas y san-
ciona su incumplimiento. De ese modo coexisten, de nuevo
paradójicamente (como cuando en la ética el deber es la autonomía), la libertad y el sometimiento a leyes, precisamente
porque es la razón la que dicta las leyes, leyes que surgen del
consentimiento de sus miembros en cuanto seres racionales
morales.

Igual que en el ámbito moral, en el ámbito político el individuo es capaz, como ser racional-social, de armonizar los arbitrios, dándose leyes justas para todos con miras acabar con la guerra; y, al mismo tiempo, como sensible-insociable, de exceptuarse de su cumplimiento. Por ello ahora, en el Estado, en caso de conflicto, se dispone de un tribunal de justicia para aplicar las leyes que ellos mismos se han dado. También en la comunidad política es el criterio de la universalización el que fundamenta las leyes. Es la voluntad de cada uno la que promulga la ley a la que todos deben someterse. De esta forma, se es, al mismo tiempo, súbdito y colegislador. La voluntad general es la voluntad de todos, como asentimiento racional, pero no la suma empírica de sus arbitrios. En cuanto seres libres pueden escoger entre destruirse mutuamente en las guerras por no limitar su libertad, o limitarla por una ley universal de convivencia. En la comunidad política hay unidad y armonía porque todos desean esta convivencia, ese es el interés común que permite ejercer fácticamente la autonomía personal.

El Estado garantiza el cumplimiento del Derecho, que a su vez posibilita el ejercicio de derechos fundamentales como la libertad, la igualdad y la independencia. La libertad se entiende como ejercicio de la autonomía. La igualdad alude a que somos igualmente libres y dignos. La independencia es la autosuficiencia, la capacidad de mantenerse por sí mismo (reconociendo Kant la dificultad de distinguir, por un lado, entre ser operario y dependiente y, por otro, ser artífice y propietario de la obra que se hace y, por ello, independiente). Estos derechos no son leyes que dicta el Estado ya constituido, sino límites a quien ejerza el poder ejecutivo, que no puede transgredir.

El Estado así fundamentado es la única unión que posibilita la libertad. Para Kant, de ese Estado se deriva analíticamente la división de poderes: el legislativo, el ejecutivo y el judicial. Esa división permite un mejor control del poder. El poder legislativo reside en la voluntad del pueblo, pues solo son justas las leyes que procedan de esa voluntad, que es la de todos y la de cada uno de sus miembros con el fin último de la pacífica y armónica convivencia de los arbitrios libres que les permita lograr los fines particulares. No obstante, Kant reconoce que esta separación puede serlo solo «en el espíritu», no siendo necesaria la separación física de las personas que los ejerzan. Él veía factible esa separación «en el espíritu», e incluso realizado en la figura de Federico II el Grande. Como veremos más adelante, ello le va a comportar una serie de críticas e incluso contradicciones.

La impronta de Hobbes en Kant es clara. La insociable sociabilidad del ser humano y el convencimiento kantiano de que de un leño tan torcido nada recto puede surgir son una muestra. No obstante, hay importantes diferencias entre ellos: en el prusiano, es por moralidad que se ingresa en la comunidad política como medio para realizar fácticamente la comunidad ética. No se trata de un burdo contractualismo estratégico. El Derecho y la comunidad política no son un mero medio eficaz para lograr la felicidad particular o el mero bienestar privado. En una visión así, meramente prudencial y estratégica, se pondría trabas a la guerra, pero no un veto moral a la guerra, como Kant exige. Se lograría la mera ausencia de guerra, una tensión muy inestable, al estar tan expuesta a tener que contener egoísmos dispuestos a estallar.

La comunidad política kantiana no es una asociación egoísta interesada en el bienestar particular. La comunidad política se crea para la realización fáctica de la comunidad ética. Kant tiene esperanza en la ley moral en el sujeto, y en la política y en la educación para forjar una comunidad ética en la tierra a lo largo de la historia de la humanidad. Hay un fin común compartido por todos: el respeto a la humanidad, tanto en la propia persona como en la de cualquier otro. Las palabras del prusiano son contundentes: «Si nada hay que infunda racionalmente un respeto inmediato (como es el caso de los derechos humanos), todo influjo sobre el arbitrio de los hombres será incapaz de refrenar su libertad».[17] Ahondando en el tipo de comunidad política, según Kant podemos clasificar los Estados por la cantidad de personas que ocupan el poder (autocracia, aristocracia y democracia) o por el modo de ejercerlo (republicano y despótico). Kant defenderá el republicanismo, que para él significa separación de poderes y representación de la voluntad común. La constitución republicana obedece al mandato racional de constituir un Estado con el fin de la paz que posibilita la convivencia armónica de los arbitrios bajo leyes de libertad. Fuera del republicanismo, el peligro de guerra siempre es latente). Kant critica la democracia directa, única que concibe, porque no hay asunción de la perspectiva de la voluntad general; en ella solo se consideran las voluntades particulares que confunden mayoría con voluntad común.

Nuestro autor defiende un imperativo categórico del gobernante, el principio de publicidad, por el cual «son injustas todas las acciones que se refieren al derecho de otros hombres cuyos principios no soporten ser publicados»,[18] pues al conocerlas no las consentirían, y solo podrían prosperar en el secretismo. Se debe gobernar como si fuera el pueblo el que se diera la ley, aunque no se le pida literalmente su consentimiento. Lo que significa que lo que un pueblo no puede decidir por sí mismo tampoco puede decidirlo el gobernante. Observemos que se trata de un principio negativo, pues solo dice lo que no es justo. El principio de publicidad recuerda al soberano el deber de adoptar el punto de vista de la voluntad común, y es la versión política del principio de universaliza-

17 SeT VIII, p. 306; p. 50.
18 PP VIII, p. 381; pp. 61-62.

ción de la Ética. El gobernante no debe olvidar que sus súbditos son, al mismo tiempo, colegisladores. Es su deber gobernar republicanamente, respetando la separación de poderes y asumiendo la perspectiva de la voluntad general. Como vemos, para Kant el político debe ser moral, haciendo coexistir la habilidad política con los principios de la moral, y no un moralista político que se forja una moral útil a las conveniencias del hombre de Estado.[19] No obstante, nuestro filósofo no permite la rebelión. En línea con Hobbes y en contra de Locke o Rousseau, Kant no permite un derecho a la rebelión contra el poder, más allá de la «libertad de pluma», es decir, de dar a conocer públicamente la opinión. Los motivos son, como ya avanzamos, la contradicción de que haya dos poderes últimos, el gobernante y el pueblo, y que se rompa así el contrato originario, invalidándose toda posibilidad de contrato. Ello imposibilitaría acabar con la guerra mediante el Estado y, en último término, el ejercicio de la autonomía.

Además, nuestro autor rechaza la figura del filósofo-rey de Platón. Si bien consideraba que el soberano debía contar con el asesoramiento de los filósofos, no se debían identificar sus roles respectivos, ya que cree que el poder corrompe la razón y los filósofos deben mantener intacta su independencia. Asimismo, argumentó que la colaboración entre ellos debe ser secreta, para no empequeñecer la autoridad suprema del gobernante. Y también le impone el límite de no poseer tierras, pues podría extender su dominio abusivamente y no habría posibilidad de resolver la disputa en caso de conflicto. Mas de esta manera se pone de relieve la contradicción entre el deber de publicidad del gobernante, que emana del imperativo categórico, y el secretismo estratégico al que ahora apela. Lo que evidencia, como ya anunciábamos, la dificultad y el enorme

19 *Ibid.*, p. 372; p. 48.

riesgo que conlleva consentir que la separación de poderes pueda serlo solo «en espíritu».

En línea con el deseo de síntesis de elementos heterogéneos presente en su filosofía, ahora apreciamos el intento de equilibrio entre el iusnaturalismo y el positivismo jurídico. Según el primero, hay un Derecho previo al positivo, escrito e histórico, al que este debe adecuarse si pretende legitimidad. Muestra de ello son la apelación al derecho innato a la libertad y el imperativo categórico del gobernante. Según el positivismo, solo es válido el Derecho escrito y vigente, pues es el verdaderamente eficaz al estar respaldado por un poder coactivo. Pero Kant insiste en la necesidad de ambos. Siguiendo su idea sobre intuiciones y conceptos ahora aplicado al Derecho, podríamos decir que el Derecho positivo sin el Derecho natural es ciego, y el natural sin aquel, vacío por ineficaz. El Derecho natural no puede crear ni mantener unida una comunidad política.

Ahora bien, la razón no exige fundar solo el Estado a nivel nacional, ni siquiera generar relaciones internacionales pacíficas (a lo que se dedican el derecho político y el de gentes, respectivamente), sino que propugna una comunidad cosmopolita y un Derecho cosmopolita, por el que se considera a todas las personas como ciudadanos de un Estado universal de la humanidad. Este Derecho debe garantizar la hospitalidad y el derecho de visita de cualquier persona a toda comunidad política. Por razones pragmáticas (la imposibilidad de control dada su enorme extensión), lo más factible y cercano a esta es el sucedáneo de una confederación de Estados permanente y en continua expansión, que vaya paulatinamente abarcando a toda la humanidad. La paz de la federación de Estados es el fin último de la política, aunque no el fin final de la filosofía práctica, que es la comunidad del reino de los fines.

Esta federación mundial pacífica requiere para ser real de tres condiciones: teoría clara, experiencia probada y buena voluntad. La teoría aclara qué política se necesita, cuáles son sus fines, fundamentos y conceptos clave, así como la reforma educativa adecuada a ciudadanos y políticos. La educación y la experiencia en política mostrarán los caminos más adecuados en concreto, pues esa es una cuestión técnica que necesita ponerse a prueba. Por último, cabe la ineludible buena voluntad de todos de aceptar y darse buenas leyes.

En línea con el deseo de síntesis de elementos heterogéneos presente en su filosofía, ahora apreciamos el intento de equilibrio entre el iusnaturalismo y el positivismo jurídico. Según el primero, hay un Derecho previo al positivo, escrito e histórico, al que este debe adecuarse si pretende legitimidad. Muestra de ello son la apelación al derecho innato a la libertad y el imperativo categórico del gobernante. Según el positivismo, solo es válido el Derecho escrito y vigente, pues es el verdaderamente eficaz al estar respaldado por un poder coactivo. Pero Kant insiste en la necesidad de ambos. Siguiendo su idea sobre intuiciones y conceptos ahora aplicado al Derecho, podríamos decir que el Derecho positivo sin el Derecho natural es ciego, y el natural sin aquel, vacío por ineficaz. El Derecho natural no puede crear ni mantener unida una comunidad política.

No obstante, hemos de aclarar que en la obra de Kant coexisten textos que generan confusión sobre el tipo de progreso histórico que postula. Por un lado, se encuentran textos que consideran que el progreso es meramente político, en la legalidad, en la corrección de las acciones, en la civilización, pero no en la moralidad. En el fondo de esta versión subyace el pesimismo antropológico kantiano, en el que habría progreso solo en civilidad, no moral.

En esta línea nuestro autor reconoce en la *Paz perpetua* que «el problema del estabelecimiento del Estado tiene solución incluso para un pueblo de demonios, por muy fuerte que suene (siempre que tengan entendimiento)».[20] Un problema

20 *Ibid.*, p. 365; pp. 38-39.

así, un problema técnico, debe tener solución. Se trata de contener las tendencias insociables de los humanos por interés estratégico en la paz para poder dedicarse a sus intereses privados. En tal caso, no se cree en el perfeccionamiento moral de los humanos.

Sin embargo, Kant reconoce que el hombre no es un demonio y, si respeta la noción de derecho, es porque existe en él un germen de moralidad, germen que no se desarrolla más que en el seno de una comunidad con el propósito moral de desarrollar las mejores posibilidades de los humanos. Esto es algo que no se logra en la vida de un individuo, pero sí a lo largo de las generaciones de humanos, a lo largo del curso de la humanidad.

Por otro lado, en otros textos, se postula un progreso moral, un progreso en la virtud (en el esfuerzo por el autoperfeccionamiento), en la auténtica intención de desarrollar plenamente la humanidad en la propia persona y en la de otros. Pero dicho progreso necesariamente depende de la filosofía de la religión y del postulado de Dios. Creemos que esta es la lectura más coherente con el resto de la obra kantiana.

Esa ambigüedad en los textos también se aprecia en cómo Kant considera la comunidad política. Aunque esta es siempre necesaria, unas veces reduce la política a racionalidad instrumental y a una cuestión prudencial y técnica, insistimos, dada la insociable sociabilidad y a que nada recto puede salir del leño tan torcido. Incluso el gobernante actuaría astutamente, por puro interés en la paz. Otras veces critica esa misma lectura como propia del moralista político, además de que se dejaría sin lograr el bien supremo, convirtiendo en contradictoria toda la fundamentación moral del Estado y del Derecho al que ha dedicado tanta atención. Tampoco da explicación de la defensa de la política republicana como la única que permite el fin final de la paz mundial y la ilustración, y su insistencia de la conciencia del deber de progreso para que este pueda acontecer continuamente.

Ciertamente, la fundamentación moral del Derecho que lleva a cabo Kant da razón de su crítica a la política estratégica alejada de la moralidad, lo que sería una «teoría inmoral de la prudencia». La política no debe basarse solo en la utilidad pragmática, en la prudencia para lograr los fines de los súbditos, sino en el deber que dicta la razón práctica, es decir, en la voluntad a priori. La misma racionalidad no es un don innato dado, sino heredado de las generaciones anteriores en comunidades que propician la moralidad en la que se inspiran, una razón práctica que no es la estratégica. El juicio negativo sobre la historia humana se debería precisamente a que somos más estrictos gracias a nuestro desarrollo moral, así como también atisbamos con más claridad nuestra mejor posibilidad, de ahí la mayor exigencia moral respecto a nosotros y a la humanidad.

El progreso moral y el político corren parejos. La tarea de la paz perpetua se logrará en la historia a través del relevo generacional, en un proceso lento, progresivo indefinido, asintótico. Kant usa este concepto geométrico que alude a una curva que se acerca indefinidamente a una recta o a otra curva sin llegar nunca a encontrarla, pues para él es un deber, una tarea moral, trabajar en y por ello incesantemente. En palabras de Kant:

> Si existe un deber y al mismo tiempo una esperanza de que hagamos realidad el estado de un Derecho público, aunque solo sea una aproximación que pueda progresar hasta el infinito, la paz perpetua, que se deriva de los hasta ahora mal llamados tratados de paz (en realidad armisticios), no es una idea vacía, sino una tarea que, resolviéndose poco a poco, se acerca permanentemente a su fin.[21]

21 *Ibid.*, p. 386; p. 69.

Podemos concluir que centrarse en la Ilustración de la humanidad desde la Filosofía de la Historia permite una lectura más secular del progreso, aunque la fe sigue siendo necesaria, en este caso, en la humanidad. Si nos centramos en el esfuerzo de cada particular, se prioriza la filosofía de la religión con el complemento de Dios. En ambos casos se trata de una fe racional: en uno, inmanente; en el otro, trascendente. La limitación de las fuerzas del individuo se verá complementada por Dios (perspectiva religiosa) o por la humanidad (perspectiva secular). En ambos casos, el curso del destino de la humanidad se halla en manos de esta: así se participa y se hace historia. Sin creer en el progreso moral, el humano caería en la desesperación, y en ella no hay ni moralidad ni humanidad posibles.

En la pregunta por la esperanza, Kant insiste en que el progreso histórico es fruto de la moralidad de la persona y de la realización en la naturaleza de dicha moralidad. A ello aluden el bien supremo y el fin final. La razón nos impone ese deber, luego ha de ser posible realizarlo. Ese poder realizar el deber requiere tanto de la capacidad de la persona (libertad y poder ejercerla) como la de la naturaleza para amoldarse a los proyectos morales. La síntesis de moralidad y naturaleza, del deber ser y del ser, requiere de postulados. Un elemento mediador posibilita la síntesis, y se explica de diferente manera en clave personal y de la especie. Desde la filosofía de la religión se alude al misterio de una instancia trascendente con intuición intelectual. Desde la filosofía de la historia se alude al misterio del provenir. En ambos casos, será imposible sin el perseverante esfuerzo humano, que ha de proceder como si todo dependiera de él. No se puede esperar el complemento divino, ni siquiera el otro mundo, sin haberse uno esforzado de veras por y en este. En efecto, cómo de facto sea posible el complemento al esfuerzo de cada humano por realizar el bien supremo es algo que, fruto de la finitud y la limitación humanas, queda en el misterio.

3.4. Atreverse a pensar juntos: uso público y uso privado de la razón

Como afirma Kant en su *Pedagogía,* únicamente por la educación la persona puede llegar a ser persona.[22] Considera que de la buena constitución del Estado cabe esperar la formación moral de un pueblo, mediante la creación de las condiciones propicias para que la persona pueda pensar por sí misma. Para el filósofo prusiano, educar no es inculcar buenos hábitos (legalidad en las conductas que se ven), sino incentivar la ilustración, el atreverse a pensar por sí mismo, atrevimiento que implica coraje y esfuerzo. Para ello se precisa disciplina (para contener las emociones), cultura (para lograr los fines propuestos) y civilidad (para convivir sabiendo escoger los fines). Con disciplina y cultura se logra civilización, mas no ilustración ni moralidad. Sin esta última no lograremos el desarrollo como personas, pues, ni ejercemos la autonomía.

Para Kant la educación moral mira al ideal histórico al que debe dirigirse, pues «no se debe educar a los niños conforme al presente, sino conforme a un estado mejor, posible en lo futuro, de la especie humana; es decir, conforme a la idea de humanidad y de su completo destino».[23] De modo que la educación se pone al servicio no solo de la prosperidad personal en el presente, sino del futuro de la humanidad.

En diciembre de 1784, en la revista *Berlinische Monatsschrift,* Kant publicó el artículo «Respuesta a la pregunta qué es la Ilustración». En este escrito es donde proclama *Sapere aude,* atrévete a pensar por ti mismo, con la que resumía la máxima que debe caracterizar a una persona ilustrada.

Si ahora nos detenemos en este artículo, es porque en el uso público de la razón hay otro motivo de esperanza, en un

22 Pe IX, p. 443; p. 31.
23 Pe, p. 447; p. 36.

nivel cercano a la vida cotidiana y más allá de la dimensión más estrictamente privada. Es la manera de Kant de reconocer que la ilustración depende también de la creación de estructuras intermedias donde se lleva a cabo eso que hoy llamamos «transferencia de conocimiento». En este texto el prusiano se sitúa en una esfera más *meso,* la del ámbito profesional, y en el que defiende el deber de forjar el progreso también de las organizaciones.

En ese breve texto introduce una distinción muy interesante entre uso público y uso privado de la razón. Kant ya no se mueve en la ética más personal ni en la ética mundial, sino en el deber de coadyuvar al progreso en las organizaciones mediante la convivencia de esos dos usos de la razón. Y va a defender que vivir en una época ilustrada dependerá del uso público que se haga de la razón.

En este artículo nos advierte del peligro de pagar para que otros piensen por uno: ¿para qué pensar si puedo comprar un libro o pagar a un asesor? Como la humanidad y la racionalidad que la especifica precisan de esfuerzo y comunidad, es un deber atreverse a pensar por uno mismo y salir de la minoría de edad. En eso consiste la ilustración. En ella se aúna el deber de desarrollar los propios talentos y de ponerlos al servicio de la comunidad.

En su escrito, Kant denuncia la excesiva tendencia a delegar decisiones y a dejarse guiar por otros. Hay que saber qué tipo de decisiones delegar, a quién y por qué. El filósofo de Königsberg sabía que esa delegación paulatina del pensar podría ser el claro anuncio del advenimiento de una minoría de edad culpable. El infantilismo es contrario a la fortaleza de la razón para atreverse a pensar por sí mismo.

Por uso privado de la razón Kant entiende el del funcionario o el del asalariado que pone su conocimiento al servicio de quien le paga un salario. Es privado en cuanto se pone a disposición de otro. Según este uso, se ha de obedecer porque hay un deber de seguir las directrices que uno se ha comprometido a cumplir cuando ha aceptado el encargo profesional.

Así, el oficial militar debe obedecer las órdenes de su superior, del mismo modo que el sacerdote debe seguir las directrices de la jerarquía eclesial. También el funcionario de hacienda debe cobrar los impuestos conforme dictan las leyes. Ahora bien, todos ellos, en cuanto expertos en las respectivas materias, deben encontrar el tiempo y el modo para discutir libre y públicamente con la comunidad de expertos sobre cómo mejorar las instituciones en las que detectan obsolescencias o errores. A esa discusión Kant la denomina uso público de la razón.

Mucho antes de que viniera Eichmann y su obediencia debida,[24] nuestro autor propuso el imperativo de pensar por sí mismo y salir de la minoría de edad. La delegación sistemática de tareas y de decisiones puede simplificarnos mucho y para bien la vida, pero en lo esencial hay que decidir al servicio de qué y de quién ponemos nuestro cerebro y nuestro tiempo. No podemos estar de vuelta de la ilustración, de la llamada a atreverse a pensar por sí mismo; ni podemos pensar solos, porque pensamos en la comunidad a cuya existencia esperamos que contribuya nuestro hacer eficaz. No se trata de pensar en soledad, sino ejerciendo el uso público de la razón en calidad de experto en una materia, lo cual exige esfuerzo, conocimiento y discusión pública.

El progreso requiere de la estabilidad de las organizaciones y a ella coadyuva el equilibrio entre ambos usos: por un lado, durante el tiempo de trabajo se cumple; por otro lado, se mantiene intacta la capacidad crítica y propositiva para mejorarlas. Kant llega a decir: «Razonad tanto como queráis y sobre lo que queráis, pero obedeced».[25] Sin embargo, en calidad de experto,

---

24 Arendt, H., *Eichmann en Jerusalén. Un estudio sobre la banalidad del mal*, Barcelona, Lumen, 2003.
25 QeI VIII, p. 41; p. 92.

se debe coadyuvar, junto con los otros expertos, al mejoramiento de la institución. Se trata así de conciliar dos deberes: el deber de obedecer y el de llevar a cabo la crítica constructiva. En el uso público de la razón se participa en calidad de experto en la comunidad de expertos. No se trata, pues, de una asamblea donde todas las opciones son válidas, sino de expertos en ejercicio, con conocimiento de causa. Se entra en dicha comunidad por mor de los conocimientos y de la decisión de ponerlos al servicio del bien común. Se discute sobre las mejores razones para trabajar de un modo más que de otro. Por decirlo de otra manera, el uso público de la razón conlleva dedicar un tiempo a pensar, a ampliar y aplicar los conocimientos a los retos profesionales (muy alejado del mero funcionario que se limita a hacer su trabajo sin complicarse la existencia). Subyace en este uso de la razón un deseo de mejora, de innovar y, en definitiva, un compromiso. Ciertamente, estos expertos están triplemente comprometidos. En primer lugar, cumplen con el trabajo, y, por ejercerlo, conocen de primera mano qué funciona y qué no; por ello juzgan con criterio, no se limitan a cumplir acríticamente. En segundo lugar, tienen tiempo y ganas de formarse en cómo progresar en su conocimiento y en su desempeño. En tercer lugar, esa formación no es en privado, cada uno en su casa mejorando su competencia, sino creando comunidades de expertos que ponen su saber al servicio de las instituciones, proyectando su continuidad.

Para Kant es preciso mantener la estabilidad de las instituciones, al servicio de las misiones encomendadas, sin que esto signifique cerrazón o conservadurismo. Conscientes de la limitación humana, la razón sobre cuál sea el mejor curso de acciones a realizar se encuentra siempre en la discusión pública de los que saben del tema, discusión que consiste en pensar juntos. Las instituciones no son un mero agregado, una mera suma de individuos que mecánicamente, obedeciendo órdenes, hacen su trabajo: hay que poner pensamiento en la acción, en este caso, pensamiento y acción colectivos; y hay que poner los conocimientos y la buena disposición al servicio de la misión. El progreso dependerá de la transferencia del conocimiento a las instituciones, lo cual exige, defender el primado de la razón práctica. El conocimiento se pone al servicio de la mejora de la humanidad. Abdicar de pensar nos hace indignos. Usar el conocimiento para desprestigiar es pensar mal. Ambos son usos perversos de la razón. Tan malo es simplemente obedecer sin cuestionar ni coadyuvar a la posibilidad de mejora, como criticar demoledoramente las deficiencias de las instituciones para desprestigiarlas y hacerlas disfuncionales. En el primer caso, al abdicar de pensar, se deviene mero instrumento, mera pieza en un engranaje mecánico. Incluso, en el peor de los casos, se convierte uno en un tipo similar al Eichmann que criticó Arendt.[26] Pero, en el otro extremo, se genera una desestabilización en las instituciones de las que necesitamos, incurriéndose, además, en la contradicción de atacar aquello a lo que se contribuye con el trabajo.

De nuevo aparece la cuestión de los límites: la libertad progresa cuando se marcan límites y se piensa sobre ellos desde el continuo deseo de ampliarlos, pero las condiciones de posibilidad de la crítica que los pone a prueba son la confianza en la razón, en la buena voluntad de ponerse a pensar juntos para concertar una acción organizada y en la estabilidad de las instituciones que permite pensar y no meramente sobrevivir. Para el filósofo prusiano, el progreso reside en generar esos equilibrios entre expertos y trabajadores, fieles cumplidores al tiempo que críticos. Por ello hay que promover instituciones interesadas en fomentar el uso público de la razón y en ser permeables a las propuestas de los expertos.

26 Arendt, H., *Eichmann en Jerusalén...*, op. cit.

No se puede censurar el pensar libre porque con ello se obstruye el progreso, que lo es por ampliación de los márgenes de libertad. Es absolutamente prepotente creer que los conocimientos de una época son todo el conocimiento, y es totalitario impedir a la generación siguiente ampliar sus horizontes.

3.5. Temáticas kantianas de actualidad y consideraciones críticas

Las reflexiones kantianas sobre la esperanza tienen por objeto la síntesis de moralidad y felicidad. Nuestro autor considera que son dos elementos heterogéneos. A pesar de que no propone la felicidad como el fin moral por antonomasia, no la ha desconsiderado. La búsqueda de la felicidad, el querer satisfacer nuestros deseos, en cuanto anhelo universal, es constitutiva al ser humano. Kant sabe que el humano es un ser social que no vive bien sin los otros ni sin paz. Por eso la felicidad debía ser recuperada, aunque fuera en el ámbito de la esperanza.

Estas ideas de Kant resultan muy intuitivas para las personas corrientes que saben que la verdadera felicidad se encuentra en las relaciones con los otros, en lo que somos capaces de generar en esa comunidad del reino de los fines donde se cultivan los propios talentos y se ponen a disposición de los otros. Vale la pena poner en valor dichas ideas a la luz del actual triunfo de la autoayuda, en exceso centrada en una *happycracia*[27] individualista y compulsiva rayana al mundo feliz de Huxley.[28] En ese mundo feliz huxleyiano el *soma* era la manera como se combatía la tristeza, muy en

27 Cabanas, E. y Illouz, E., *Happycracia. Cómo la ciencia y la industria de la felicidad controlan nuestras vidas*, Barcelona, Paidós, 2019.
28 Huxley, A., *Un mundo feliz*, Barcelona, Debolsillo, 2020.

sintonía con el exceso de fármacos con que hoy en día se lidia el vivir.

Las problemáticas de salud mental asociadas a formas de tristeza y desesperación, que han llegado a ser, sobre todo en el colectivo de los jóvenes, problemas de salud pública, beben sus fuentes de problemas estructurales. Tienen que ver, por supuesto, con cuestiones políticas y morales: la guerra, la pobreza, que todavía persisten, etcétera. Pero la desesperación y la desesperanza no se pueden combatir solo con fármacos, psicólogos o servicios sociales, que ayudan y mucho, sino que requieren de un cuestionamiento existencial filosófico. En este sentido, merece ser recuperada la idea kantiana de unir felicidad con moralidad y ligarlas a la esperanza en que el esfuerzo moral no es en vano.

Para Kant la persona corriente, independientemente de sus conocimientos, es capaz de distinguir el precio de la dignidad. Si hoy percibimos esa diferencia, todo se mira desde una concepción meramente estratégico-instrumental. Olvidamos con ello el legado kantiano: las personas tienen dignidad; las cosas, precio. Normalizamos formas de relacionarnos que nos deshumanizan, nos descapacitan, convirtiéndonos en cómplices de nuestra culpable minoría de edad y de nuestra soledad no deseada.

Igualmente sucede con la instrumentalización de las instituciones, cuando se pone el cerebro a su servicio, pero desentendiéndose de la responsabilidad de la organización. Y lo mismo ocurre a la inversa, cuando la organización se desentiende de la persona de los trabajadores. La innovación no se produce sin creer en la causa de las instituciones y su necesidad; como el progreso, no es mera *innovatitis*, o más tecnología, es aumento de libertad, de control del entorno material y político en un contexto de autonomía.

Otra rémora de las ideas kantianas expuestas es ver el uso público de la razón en la ciencia abierta. Esta ejemplifica un uso público de la razón, en cuanto comunidad de expertos discutiendo para aumentar el conocimiento, compartiendo resultados. Y se trata de una comunidad que comparte normas y que está atenta a la integridad de las prácticas científicas. No cabe duda de que el principio de publicidad, al menos en teoría, impregna los actuales ordenamientos jurídicos en los Estados de derecho. Ninguna norma sería buena si no soportara ser publicada, pues el pueblo no la podría aceptar. A ello obedecen las políticas anticorrupción, las leyes de transparencia e incluso el deber de comunicación clara al ciudadano. En absoluto son estas cuestiones de mera cortesía. A pesar de que seguimos contemplando oscurantismo en las decisiones políticas, hay un deseo de poder rastrear una huella en la legislación relacionando *lobbies* y agendas de los políticos, que deben ser públicas. Todo ello bebe de las fuentes del principio kantiano de publicidad.

Sin embargo, habrá que remarcar que el uso público exige poder defenderse públicamente, racionalmente, legítimamente. Hoy en día, con el fenómeno de las redes sociales, pareciera que se hace público hasta lo moralmente impresentable, sin que esa *publicación* sea, para nada, una discusión pública.

La inteligencia artificial puede coadyuvar a complementarnos en nuestra limitación, pues se mueve por patrones y algoritmos, maneja inmensas cantidades de datos y no se cansa; pero no debemos pagar el precio de sustituir nuestra autonomía moral y de obedecerla sin cuestionar. Esa delegación paulatina del pensar podría ser el claro anuncio del advenimiento de la minoría de edad culpable. Además, las conocidas como cajas negras de algunos algoritmos son la antítesis de la publicidad, por ello la enorme preocupación que deben generar cuando les delegamos decisiones.

El proyecto de sentido es una apuesta moral y exige esfuerzos tanto a título personal como a nivel colectivo de la humanidad. Por ello se precisa una política mundial y es tan importante la construcción de una confederación de naciones donde sea posible la libre circulación en el planeta. Desgraciadamente, seguimos contemplando la guerra y, con ella, todas las tragedias que le vienen asociadas. Hay que insistir en el veto de la razón: no debe haber guerra; y también hay que denunciar qué otras razones demagógicas se esgrimen para mantenerse en ella. Vale la pena recuperar este cosmopolitismo en nuestro tiempo para pensar juntos la cuestión de la paz y la inmigración, porque nada humano nos debe ser indiferente, como ya nos recordaban los estoicos. Adela Cortina denuncia la aporofobia, el rechazo al pobre.[29] Los inmigrantes no son un problema cuando tienen Visa oro que les da rápidamente el visado.

Y no solo es falta de voluntad personal o política, sino también de ideales. Kant se entusiasmó con los ideales de la Ilustración. Consideramos que estos siguen siendo los ideales por los que nos deberíamos caracterizar. Sí hay tres críticas que podemos hacer a cómo Kant ha abordado la pregunta por la esperanza. La primera es la relación tan extrínseca que establece entre moralidad y felicidad, que, en último término, obedece a la separación entre fenómenos y noúmeno, con el consiguiente dualismo antropológico y la esquizofrenia que este implica, como hemos ido constatando a lo largo del libro.

La segunda es la difícil convivencia entre el optimismo en la tarea moral y el enorme pesimismo que subyace en su visión del humano. Al defender el mal radical en la condición humana, parece que el hongo hobessiano pervive en Kant. No se sabe muy bien cómo es posible que el gobernante, respecto de los gobernados, sea como una excepcionalidad, deba buscar la mejor legislación. Todo ello reconociendo que no debe ser filósofo rey, dado que el poder corrompe inexorablemente la razón, y que por ello debe contar con asesores filósofos.

---

29 Cortina, A., *Aporofobia, el rechazo al pobre*, Barcelona, Paidós, 2018.

El contractualismo del «pueblo de demonios», al partir de una antropología hobessiana en la que nada ni nadie infunde respeto (contractualismo que subyace en las actuales teorías de la elección racional), difícilmente esquiva la crítica del *free rider*, el astuto y gorrón que sabe que, porque todos cooperan, él puede abstenerse de hacerlo. Incluso en el caso de quien coopera solo y mientras a todos les va bien, es latente la desconfianza en el progreso de las intuiciones morales que educan y ganan adeptos a la moralidad. En tales casos, todo aboca a un control y a una suspicacia de unos hacia otros, generándose una quebradiza mera ausencia de guerra, pero no la paz perpetua del reino de los fines a la que continuamente tender.

Ello explicaría la tensión en sus escritos de filosofía de la historia entre el progreso civilizatorio y el moral. Además, al depender la impregnación de la moral en el mundo del postulado de Dios, se marginaría a los escépticos o a los ateos, lo cual no casa bien con su propuesta de universalización. En la filosofía práctica kantiana el fundamento del que surge la creencia siempre es moral, racional. La creencia es universal, no lo es, sin embargo, el objeto de la creencia, en qué o en quién se cree. Igualmente es ambigua la cuestión sobre la relación entre la autonomía humana y Dios. En el *Opus postumum* hay fragmentos que confunden y llegan a aludir a que la ley moral en nosotros no deja de ser la voz de Dios.

La tercera crítica es la estrecha noción de ética y de motivación moral que contempla nuestro filósofo. Es propio de toda ética deontológica, no explica acciones morales que no son fruto del deber; suelen ser sacrificios morales que tampoco están basados en inclinaciones beneficiosas para el agente, pero generan un gran placer, incluso hasta morir por ese ideal que ejemplifica con su acción. Es el caso de héroes o mártires que se mueven por ideales y llevan a cabo acciones más allá del deber y en las cuales precisamente la esperanza está muy presente.

4. Contra algunos tópicos sobre la filosofía práctica de Kant

La visión que se transmite de la filosofía kantiana continúa generando malentendidos que la hacen perder parte de la potencialidad que todavía posee. Un tópico es una afirmación bastante común, trillada, manida, como el cliché o estereotipo que, a pesar de tener algún fundamento, es poco riguroso y preciso. Los tópicos que rodean a la filosofía práctica del profesor de Königsberg tienen claramente una razón de ser, no aparecen de la nada, pero son desacertados cuando se contempla toda su obra. La mayoría de ellos parten, en efecto, de afirmaciones del mismo Kant, pero incurren en una interpretación incompleta, sesgada o desatenta a importantes matices que el filósofo introdujo.

Como todos continúan más o menos vigentes en las lecturas y las interpretaciones que se hacen del kantismo, vale la pena detenerse en ellos para desmentirlos. Analizaremos cinco tópicos usuales que generan errores en la comprensión de Kant, sesgando la lectura y la comprensión de sus textos. Los cuatro primeros tópicos que expondremos, de formalismo, rigorismo, *eticismo* y ateísmo, proceden de una lectura poco atenta a los textos kantianos y son más fáciles de desenmascarar. Sin embargo, el quinto, el del solipsismo metodológico, procede de autores, como Habermas y Apel (principales representantes de la ética diálogica o comunicativa), y es de muy distinto signo que los primeros, a los que también ellos han ayudado a combatir. En este caso, no se trata de lecturas sesgadas o desconocedoras de la obra de Kant, pues son autores reconocidos como ilustres sus continuadores. Desde la ética del discurso consideran que el prusiano continúa enclaustrado en un modelo cartesiano, propio de las filosofías de la conciencia, con las consiguientes problemáticas que ello acarrea (dualismo, subjetivismo y metafísica, entre otras). A nuestro parecer, este tópico ha generado un conocimiento de la ética kantiana que es poco atenta a otras lecturas más cercanas a la misma ética del diálogo de Apel y Habermas. Como vamos a defender, no hay tanto solipsismo en el filósofo prusiano como los dialógicos pretenden ver. A continuación, nos detendremos en cada uno de los cinco tópicos. En todos ellos seguiremos el mismo esquema: en un primer momento, explicaremos en qué consiste el cliché y cómo surge el malentendido para, en un segundo momento, explicar por qué es desacertado.

4.1. Formalismo vacío

Como hemos explicado, Kant declara que su ética es formal y que en ello radicaba la gran diferencia respecto de las éticas anteriores, que son materiales. Recordemos que la materia alude a un contenido o a una acción concretos, y que la ética material determina la corrección de las acciones a partir de la felicidad, cuya concepción es previamente definida y acotada. De ella, en último término, derivan los contenidos concretos de las acciones que hay que hacer y evitar para llegar a ella.

Por el contrario, nuestro autor sostiene que bueno, absolutamente bueno, solo lo es la buena voluntad; se trata así de querer bien, no de querer el bien. Lo que convierte en buena la voluntad es que su querer sea correcto. Y eso, como hemos visto en el capítulo 2, se traduce en que la máxima no sea contradictoria como ley, es decir, en que lo que la voluntad quiera tenga la forma de ley, o sea, que su querer sea universal y necesario. La ética kantiana presta más atención a la forma del querer, al por qué se hace, al fundamento de determinación de la máxima. La forma alude a la estructura del querer, a sus rasgos constitutivos, y siempre es el querer de un sujeto racional. De modo que la acción puede ser correcta, pues se ha hecho conforme al deber, pero, al no hacerse por deber, la máxima no tiene contenido moral. Para Kant la voluntad es buena en ella misma, independientemente de qué se quiera y de quién quiera. Lo concreto, este sujeto queriendo esto, no es lo determinante para el valor moral de la máxima, sino que cualquier sujeto, el universo de los seres racionales, lo pudiera querer. Queda, pues, claro que es la forma del querer, el querer universalmente, sin contradicción entre lo que uno quiere (la máxima) y lo que cualquiera pueda querer (la ley), lo que determina fundamental, esencialmente, el querer bien y, en definitiva, que la voluntad sea buena.

Así pues, el tópico no radica en que la ética kantiana sea formal, lo que induce a error es el adjetivo, que se diga que se trata de un formalismo vacío. Jacobi, Schopenhauer y Hegel, por citar a los críticos más representativos, consideraron que el formalismo kantiano era vacío al faltarle contenidos. Hegel, en sus *Principios de la Filosofía del Derecho,* llega a afirmar que «el principio mismo y el criterio de que no debe haber contradicción no produce nada, porque allí donde no hay nada tampoco debe haber contradicción».[1] La crítica hegeliana señala que, al no disponer de principios determinados sobre lo que hay que hacer, carecemos de contenidos concretos para aplicar.

En principio tiene razón Hegel, pues sin contenidos nada se puede universalizar y nada puede contradecirse. El desacierto

---

1 Hegel, G. W. F., *Principios de la filosofía del Derecho,* Barcelona, Edhasa, 1988, pp. 198-200.

principal radica en que sí que hay contenido. Como ya hemos explicado, ese contenido no es otro que la humanidad, la persona como fin en sí, como valor absoluto, contenido muy bien explicitado en la segunda y en la tercera fórmulas del imperativo categórico.

Seguramente, el origen del error de tildar de vacío el formalismo kantiano radica en quedarse meramente en la primera fórmula del imperativo categórico, que insiste en la forma de ley, en que la máxima pudiera ser universal. Sin embargo, en las otras fórmulas que Kant propuso, *claramente* hay un contenido siempre presente en dicha universalidad. El imperativo categórico no es un mero mecanismo lógico de concordancia de la razón práctica. Quien universaliza su máxima es un sujeto, y la universaliza porque considera al resto de los sujetos, al universo de seres racionales, incluido él mismo, como el sujeto capaz de proponerse fines, siendo él también un fin en sí.

Es cierto que Kant no se preocupó de explicitar mejor por qué son sinónimas las fórmulas del imperativo categórico. No cabe duda de que hubiese ayudado a esquivar dicha interpretación si hubiese explicitado mejor que en la capacidad de proponerse fines reside un fin en sí. En la *Fundamentación de la metafísica de las costumbres* se limita a afirmar «yo digo» que el ser humano existe como fin en sí mismo, sin mayor ahondamiento.[2]

Kant está proponiéndonos, por un lado, una ética con valores absolutos y objetivos intrínsecos al sujeto sin abocarnos por ello a una premoderna ética material de valores objetivos extrínsecos a aquel, como había sido lo usual; y, por otro lado, está esquivando el emotivismo de su tiempo, presente en las éticas británicas del *moral sense*. No hay ningún deseo de vaciar la moralidad reduciendo el criterio para tomar decisiones a una

2 FMC IV, p. 428; p. 102.

mera prueba lógica. Toda su filosofía va dirigida a crear un principio de moralidad formal que permita que el ser humano genere sus normas desde la autonomía.

Fundamentalmente Kant está defendiendo que el origen de toda moralidad radica en la capacidad de proponerse fines autónomos, sean los que sean, con la salvedad de que quien los persiga se trate a sí mismo como un fin en sí y haga lo propio con el resto de los sujetos. Todo ello sin olvidar que la máxima siempre contiene una materia, una acción concreta a realizar que se juzga a partir del principio de universalización. En efecto, cabe destacar que el imperativo categórico no solo no es vacío porque su contenido es la humanidad, sino porque, a partir de él se discriminan o se aceptan otros contenidos más concretos. Recordemos los dos fines deberes, la autoperfección y la felicidad del prójimo, que se derivan de tratar a la humanidad, tanto en la propia persona como en la de cualquier otro, siempre como un fin en sí. En ambos casos se alude a contenidos concretos que permiten marcar qué máximas no tienen valor moral, aunque sean acordes con el deber; qué otras son claramente inmorales, por contenido y por forma, y cuáles sí tienen valor moral.

Queda claro, pues, que la ética kantiana es, efectivamente, formal, pero no es vacía: la humanidad es un fin y la persona dispone de la autonomía para proponerse fines, y nos permite saber qué es lo contradictorio del querer.

Otra interpretación, esta sí muy desafortunada, de la ética kantiana es la que le reprocha no tanto la falta de contenidos, como que estos sean indiferentes, importando solo la mera universalización del querer. Se subraya así que a la ética kantiana le importa el porqué, que se obre por deber, pero le es indiferente el qué, la materia. Esta interpretación no solo desconsidera la segunda y la tercera fórmulas del imperativo categórico, no solo olvida los fines deberes concretos del autoperfeccionamiento moral y la promoción de la felicidad del prójimo, sino también infravalora gran parte de la obra del filósofo de Königsberg en la que se preocupa, y mucho, de concretar el imperativo categórico defendiendo contenidos muy claros y rechazando otros. Es el caso, por ejemplo, de *La metafísica de las costumbres,* en la que se propone toda una serie de derechos y deberes, tanto en el ámbito del Derecho como en la doctrina de la virtud; esta última incluso contiene una dogmática y una casuística detalladas.

Dicha interpretación desconsidera igualmente la distinción kantiana entre deberes perfectos e imperfectos, es decir, los estrictos de cumplimiento ineludible, y los más meritorios o amplios; y se olvida del apartado de la *Crítica de la razón práctica* titulada «De la típica del juicio puro práctico», donde nuestro filósofo se detiene en la cuestión de la aplicación del imperativo categórico. En resumidas cuentas, todos estos esfuerzos de Kant por concretar contenidos no permiten dar crédito a la interpretación de que los contenidos en su ética son indiferentes.

4.2. Eticismo irresponsable

El tópico de eticismo considera que la kantiana es una ética que se cierra en las convicciones y, por tanto, solo responde de la coherencia de la acción con la voluntad y, en último término, del deber de universabilidad, que es lo que depende de la voluntad.

Max Weber, en *La política como profesión,* remarcó la distinción entre una ética de la convicción y una ética de la responsabilidad.[3] La primera se centra en las intenciones del agente, en los valores o principios por los que se quiere caracterizar, delimitando cuál debe ser la acción concreta, y

---

3 Weber, M., *El político y el científico*, Madrid, Alianza, 2021.

desatendiendo las consecuencias que de ellas se deriven. El propio Weber pone como referentes de este tipo de ética al bíblico Sermón de la Montaña y a la ética kantiana. Frente a la ética de la convicción, se encuentran las éticas de la responsabilidad, que, fundamentalmente, se atienen a las consecuencias que se derivan de las acciones para juzgar su corrección. Podemos hacer dos precisiones a cómo Weber entiende las éticas de la convicción poniendo a Kant como un buen representante de ellas. En primer lugar, la ética kantiana no es una ética dogmática o fundamentalista de llevar a cabo acciones por obediencia debida caiga quien caiga. En la kantiana no es otro quien nos da la ley moral. También es desafortunado situarla junto al religioso Sermón de la Montaña, en el que se debe obedecer a Dios por ser Él quien es. No hay más convicción en Kant que la necesidad de que la persona sea siempre un fin en sí. Nada de dogmático ni heterónomo hay en ello; difícilmente se puede defender un criterio moral sin ese contenido del cual debemos estar convencidos a la hora de aceptar cualquier cálculo de consecuencias.

En segundo lugar, no se trata solo de que la ética de Kant no es dogmática, centrándose en la coherencia del querer de la voluntad, sino que tampoco es cierto que se desentienda de las circunstancias, como veremos con mayor detenimiento en el siguiente tópico. En efecto, si bien es cierto que el prusiano nos recuerda que la voluntad es buena en sí misma no por lo que logre, es decir, que la voluntad es buena por su esfuerzo de obrar bien, no por la eficiencia en los resultados, de ahí no se deriva que no se esfuerce en ser eficiente.

Recordemos las palabras del mismo Kant:

La buena voluntad no es buena por lo que efectúe o realice ni por su aptitud para alcanzar algún determinado fin propuesto previamente, sino que solo es buena por el querer, es decir, en sí misma y considerada por sí misma es, sin comparación, muchísimo más valiosa que todo lo que por medio de ella pudiéramos realizar en provecho de alguna inclinación y, si se quiere, de la suma de todas las inclinaciones. Aunque por una particular desgracia del destino o por la mezquindad de una naturaleza madrastra faltase completamente a esa voluntad la facultad de sacar adelante su propósito; si, a pesar de sus mayores esfuerzos, no pudiera llevar a cabo nada y solo quedase la buena voluntad (desde luego no como un mero deseo, sino como el acopio de todos los medios que están en nuestro poder), aun así esa buena voluntad brillaría por sí misma como una joya, como algo que en sí mismo posee pleno valor. Ni la utilidad ni la esterilidad pueden añadir ni quitar nada a ese valor.[4]

Las palabras de Kant son bien claras: lo que convierte a la voluntad en buena no es *lo que* logre, los resultados de la acción. Incluso si no lograra nada de su propósito, seguiría brillando por su mero buen querer. Pero fijémonos que habla de esfuerzo por sacar adelante su propósito y no como un mero deseo, sino como *el acopio de todos los medios que están en su poder*. De esta forma, se ponen de relieve ambas tesis: en primer lugar, que no es el resultado de la acción lo que convierte a la voluntad en buena, y, en segundo lugar, que no le es indiferente lo que pase. La voluntad se esfuerza tanto por ser coherente como por lograr su propósito, solo que en la cuestión de la coherencia se basta para darse la ley y seguirla, y en la de la eficiencia sabe que lo que depende de ella es llevar a cabo la acción coherente, nada más. A pesar de que lograr lo que se propone no depende enteramente de ella, no significa que se desentienda de los resultados.

4 FMC, p. 394; p. 55.

Todo consencuencialismo, para el que el resultado de la acción determina la corrección de esta, es a posteriori. El consecuencialismo exige tener conocimientos empíricos y saber calcular la probabilidad de que, si hacemos una acción, se deriven x, y o z consecuencias. Pero así la razón hace cálculos de habilidad y sagacidad. Además, quien tuviera más conocimiento del mundo y más astucia tendría ventajas a la hora de forjarse una buena voluntad. Todos esos son motivos muy importantes para entender por qué Kant no fundamenta su ética en las consecuencias de la acción. Él se centra en la coherencia de la voluntad, en que la máxima pueda quererse como ley universal. Es anticonsecuencialista si por ello se entiende que no son las consecuencias el fundamento de determinación de las acciones. De la corrección de la acción se sabe a priori, no a posteriori.

Recordemos igualmente que el motivo por el cual las consecuencias no dependen de nosotros es porque, una vez que la voluntad pone una acción en el mundo, esta forma parte de la cadena de causas y efectos que escapan a la voluntad del individuo. Sin embargo, responde de la acción que hizo, aunque las consecuencias no están del todo bajo su control. La acción le es imputable al sujeto, y este debe responder de aquella, porque sin poner la acción en el mundo nada habría ocurrido.

De nuevo sucede en este tópico que hay en él una parte de verdad. Y también de nuevo es el adjetivo, esta vez de *irresponsable,* lo que lo hace desafortunado. La ética kantiana se centra principalmente en las convicciones, en la medida que lo que importa para la corrección de la acción es su coherencia respecto del principio moral. Ahora bien, lo que de ninguna de las maneras es acertado es decir que Kant se desentiende de las consecuencias y por ello es irresponsable.

No obstante, se debe precisar que, en lo referente a las circunstancias, hay dos interpretaciones muy diferentes de la ética kantiana. Una insiste en que el imperativo categórico es a priori y, por tanto, idéntico siempre y en todo lugar, es decir, incondicional y, en coherencia, independiente de las circunstancias. La otra interpretación, sin desatender esas implicaciones, sí admite que Kant tiene en cuenta las circunstancias. Son dos cuestiones diferentes: por un lado, al universalizar la máxima sin atender a las circunstancias, ¿se trata de obrar como cualquier persona debiera hacer con independencia de contextos y circunstancias? ¿O más bien se trata de cómo universalizar la máxima en análogas circunstancias?[5] Según qué interpretación se prefiera, se respaldará más o menos el tópico de eticismo irresponsable.

Nosotros nos decantamos por la interpretación de universalizar la máxima en las circunstancias análogas a las que uno se encuentra. Nos parece la interpretación más acorde con el conjunto de la obra kantiana por el hecho de que la máxima, en cuanto principio subjetivo del querer, siempre es de un individuo, en sus circunstancias, y, precisamente porque hay inclinaciones, es en ese contexto y en ese momento concretos que el deber aparece como tal.

Difícilmente se puede cumplir con el fin-deber de hacer feliz al prójimo sin la atención a las circunstancias y al contexto. Además, hay en dicho deber una clara intención de eficacia de la acción. Si bien que lo esperemos y nos esforcemos en ello no significa que lo logremos, si nos esforzamos es porque nos importa lograrlo. Por eso se *toma interés en la acción,* pero no se *obra por interés* desde el momento en que, aunque no se logre, se volvería a hacer poniendo todos los esfuerzos y los medios para ello.

La kantiana es una ética que convierte la razón en guía, también en su aplicación. En la Típica del Juicio de la *Crítica*

5 Lluís Font, P., *Immanuel Kant. Seis ensayos y un diálogo de ultratumba,* Barcelona, Arpa, 2016.

de la razón práctica, el razonamiento moral no se queda en la mera fundamentación del principio, sino que hace falta una deducción para ir especificando deberes, y ahí, como no puede ser de otra manera, el sujeto debe tener en cuenta contextos y circunstancias.

Recordemos, además, que en el ejemplo de Kant del artículo sobre el presunto derecho a mentir por filantropía se tienen en cuenta las circunstancias; su reflexión no se limita a exhortar con cumplir el deber, pues no dice toda la verdad. Hará todo lo posible por evitar la muerte de la persona a la que ha acogido en casa.

Podemos concluir que la ética kantiana no es consecuencialista, pero de ello no se deduce que no tenga en consideración las consecuencias ni que no responda de ellas. La tiene en cuenta desde el momento en que se esfuerza por lograr el objetivo, pone todos los medios a su alcance. Y no es irresponsable, porque entre los medios a su alcance mirará cuál es el más adecuado según las circunstancias. Tengamos presente, además, que Kant desarrolla toda la dialéctica del bien supremo y su tesis sobre la esperanza en el progreso de la historia como condiciones de sentido, aunque no de posibilidad, de la moral. De ahí toda la temática de la fe racional, que es fruto de la finitud humana. Forma parte de la esperanza, no del fundamento, que esas consecuencias se produzcan. En último término, tiene la esperanza, precisamente porque de lo que se trata es de la eficacia de la buena voluntad, de que vendrá en ayuda de la buena voluntad, porque no puede ser que su querer y su esfuerzo sean en vano.

4.3. Rigorismo insensible

Según el rigorismo moral, los deberes morales deben ser cumplidos incondicionalmente, sin excepciones. Este tópico sobre la ética kantiana vuelve a tener, en parte, una razón de ser. En efecto, si por rigorismo entendemos que no se admite ninguna excepción al cumplimiento del deber, la kantiana es una ética rigorista. El deber es la necesidad de una acción por respeto a la ley. De modo que hay un deber incondicional de llevar a cabo la acción por la sencilla razón de que es lo correcto. De ahí la insistencia de nuestro filósofo en que el principio supremo de la moralidad obedece a una ley universal y necesaria: así debe ser necesariamente para todas las personas, sin excepciones. Y por ello tildó el imperativo como *categórico*. En cuestiones morales todos debemos tener el mismo criterio y regirnos por las normas que nosotros mismos nos damos.

Kant mismo, cuando en la *Paz perpetua* cita el dicho latino *Fiat justiti et pereat mundus* (hágase justicia, aunque perezca el mundo), parece fomentar esa lectura de rigorismo insensible. Según esta, en su juicio moral el sujeto se limita a aplicar rígidamente el principio. Lo importante es ser fiel a la coherencia personal, porque ello es lo que depende de uno en el ámbito de la moral. También fue esa lectura la que hicieron Constant (recordemos lo dicho a raíz del texto kantiano «Sobre un presunto derecho a mentir por filantropía») o Schiller en el epigrama «Escrúpulo de conciencia».

Y, una vez más, en el adjetivo vuelve a residir el principal error del tópico. Rigorismo ni es rigidez ni tampoco falta de calidez a la hora de tomar decisiones. La filosofía kantiana no es insensible, ni hiede a sadomasoquismo como algunos nietzscheanos han afirmado. Los motivos son varios. Para empezar, y como ya explicamos, la crítica de Kant a los emotivismos es que el fundamento de determinación sean las inclinaciones, porque no dependen de nosotros, no porque sean en sí mismas malas; en la medida que nos afectan, debemos decidir qué lugar darles. Nada de malo hay en ellas mientras se mantengan en la alineación adecuada con la voluntad. La sensibilidad, común con los animales, es constitutivamente humana, pero no debe guiar la toma de decisiones, no debemos dejarnos llevar por ellas, pues no son las inclinaciones sensibles las que nos hacen autónomos. El imperativo exige ser agente autónomo, no paciente que se deja llevar por la heteronomía, lo que ocurre incluso en el caso de que la acción sea conforme al deber, pero que no se ha hecho por deber.

Actuar con sentimientos es inevitable; precisamente es la consideración sensible de nuestro arbitrio la que convierte en deber la vivencia de la ley moral promulgada por nuestra razón pura. La crítica de por qué debe ser el deber y no el placer el fundamento de determinación no radica en la maldad del placer, sino en que no es autónomo, no es práctico, fruto de la libertad, es patológico.

Kant no defiende un ascetismo monacal, ni siquiera la apatía estoica: las inclinaciones son naturales, en cuanto somos seres fenoménicos, mas convivir con ellas exige adecuarlas a nuestra voluntad, que no es otra cosa que la razón práctica. Las inclinaciones están siempre presentes, que la facultad de desear sea superior o inferior alude precisamente a quién o qué, en último término, dirige el querer.

Otro motivo para criticar la idea de que la ética kantiana es fría radica en la importancia que en ella adquiere el sentimiento de respeto, generado por la ley moral y único sentimiento moral que Kant reconoce. El respeto no es, en absoluto, indiferencia, es conciencia de amenaza y miedo a no estar a la altura de las expectativas de la ley moral en nosotros, de no llegar a ser lo mejor que podamos; pero también es conciencia de la admiración por que el humano pueda darse la ley y realizar la libertad en el mundo.

Por otro lado, aparte del respeto, podemos rastrear la presencia en su ética de otros importantes sentimientos. Kant habla a menudo de compasión, que, aunque no es el fundamento de determinación, es un sentimiento crucial para procurar la felicidad del prójimo. Lo mismo ocurre con el entusiasmo por ideales morales, como el que generó en su época la tríada libertad, igualdad y fraternidad de la Revolución francesa.

Por último, nuestro autor alude a la «conversión del corazón» en el progreso en la virtud por el deber de autoperfeccionamiento, lo que significa que no está exigiendo sufrir por cumplir con el deber. Reconoce, citando al virtuoso Epicuro, que hay siempre un gozo en el cumplimiento del deber. El contento de sí, la alegría moral, fruto de satisfacer un deseo de la voluntad, es una satisfacción que le es connatural. En definitiva, no hay en Kant una condena de las inclinaciones y, por tanto, no es cierto que su rigorismo sea insensible.

Si bien no es cierto que la ética kantiana condene moralmente las inclinaciones, lo que ha generado el tópico es que, ciertamente, es en la carencia de estas donde más se revela que la acción haya sido realizada por deber. La ausencia de placer, el sacrificio moral, por ejemplo, pone de relieve que el sentimiento de respeto parece ser el único presente, dando más indicios sobre la autenticidad de la decisión; aunque nunca se trata de seguridad ni de garantía, como ya hemos explicado. Saber que, si no estuvieran estos sentimientos, no se produciría la acción es una pieza clave de la corrección moral.

En conclusión, la ética kantiana es, en efecto, exigente y rigorista, el principio es uno y no admite excepciones, no se adapta el principio ni a las situaciones ni a la sensibilidad del sujeto, sino estas al principio. Pero eso no significa desatención a los contextos ni a cómo nos afectan. Actuar con sentimientos es inevitable, porque el respeto, como sentimiento moral, siempre estará, junto con otros que lo puedan acompañar.

4.4. Humanismo ateo y cristianismo latente

La relación de la ética kantiana con la religión ha generado otro tipo de tópicos. Unos la consideraron atea, al haber provocado la revolución alterando la tradicional relación de subordinación de la moral a la religión, dado que, para nuestro filósofo, esta debe estar dentro de los límites de la mera razón, pues la moralidad es lo primero. Algunos consideraron que Kant negaba a Dios como autoridad moral suprema e incentivaba el ateísmo. Consideraban así que su obra promovía un humanismo ateo. Kant mismo sufrió la censura de Federico Guillermo II por la que se le prohibía escribir sobre religión.

Lo cierto es que Kant niega a Dios el estatuto de autoridad moral fundamental y pone límites, para no caer en superstición o superchería, a lo que se puede defender en nombre de la religión. Recordemos que para él Dios no es objeto de ciencia, pero sí es objeto de fe y postulado del bien supremo. Nuestro autor acota tanto el conocer como la fe y ambos se ponen al servicio del obrar humano, pero no niega la importancia de la creencia religiosa.

En el lado opuesto del tópico están quienes consideran que la ética kantiana no deja de ser un cristianismo camuflado, por el que le niega a Dios ser el fundamento de la moral y, sin embargo, lo convierte en garante del bien supremo por vía de la fe moral.

A nuestro parecer ambos enfoques son desacertados. Que Kant niegue a Dios como autoridad moral suprema no convierte en atea su ética. Lo que sí hace, claramente, es combatir ciertos fundamentalismos y dogmatismos que, en nombre de la religión, suelen producirse por no acotar los límites del saber y del creer. En efecto, no se niega a Dios, sí su conocimiento y los mandatos que pudiera dar una vez que se accede a él desde la fe racional o moral.

Tampoco está en la intención de Kant promover una determinada creencia, ni mucho menos camuflarla, pero sí desarrollar una filosofía de la religión, desde la crítica de la razón, en la que los límites de esta se abren al ámbito de una fe racional.

En cualquier caso, no debería reducirse la profundidad de lo que es su filosofía de la religión a que recibiera una educación pietista y fuera, aunque de modo heterodoxo, un hombre de fe. El Dios del que él habla es el de la filosofía que surge de los límites de la razón. La ética kantiana es humanista, pero no atea. Kant fue consciente de estas cuestiones. Según él, Dios no es necesario para la posibilidad de la moral, pero esta no es autosuficiente para la cuestión del sentido. La razón asume que hay algo superior que trasciende sus límites y desde ahí confía en que Dios la completará.

Sin duda, como hemos visto al explicar su filosofía de la historia, se puede defender una gran parte de la filosofía práctica kantiana desde una perspectiva secular. Incluso el progreso político, histórico y civilizatorio forma parte del progreso en materia moral y religiosa. No obstante, al proceder así, es decir, al desconsiderar la dimensión religiosa en su obra, se pierde una dimensión fundamental de su propuesta. Tampoco su filosofía de la religión es una burda apología del cristianismo. El núcleo de su filosofía es el pensar los límites humanos y acotar tanto las luces que la razón arroja como las sombras que esa misma luz abre al misterio. Y ambas son necesarias para comprender lo humano.

4.5. Solipsismo metódico

Como ya hemos anunciado, este tópico no proviene de acérrimos críticos de Kant, sino de los filósofos de la ética dialógica Karl-Otto Apel y Jürgen Habermas, que pueden ser considerados continuadores de la filosofía práctica kantiana. Ellos mantienen que la ética del prusiano fracasa en la fundamentación en dos sentidos. En primer lugar, porque se hace una fundamentación metafísica, pues parte del hecho de la razón, de un «yo pienso» como ente casi autocreado, libre, con razón pura y capaz de generar la ley moral. En segundo lugar, porque no se acaba de abandonar una filosofía de la conciencia en la línea iniciada por Descartes, con los consiguientes problemas que ese solipsismo metódico y metafísico acarrea. Entre esos problemas están, claramente, la imposibilidad de salir de la insularidad de la conciencia y explicar la existencia de los otros sujetos más allá de su mera presencia como representación en la conciencia de quien los percibe; la dependencia de Dios para lograrlo, y, de nuevo, las complejas cuestiones que el dualismo cartesiano comporta.

Apel, por ejemplo, se propone superar ambos lastres mediante una transformación posmetafísica de la ética de Kant.[6] Por ello convierte el idealismo trascendental kantiano en un pragmatismo trascendental, lo que muy sucintamente se puede resumir en sustituir el «yo pienso» kantiano por el «nosotros argumentamos» dialógico. Mientras el primero parte de la ley moral como un hecho de la razón que se encuentra en la conciencia de la persona corriente, universalmente y a priori, el «nosotros argumentamos» parte de la acción comunicativa. Los dialógicos ponen el énfasis en que la intersubjetividad se manifiesta en el ámbito lingüístico y no en el reino de fines de sujetos nouménicos; de modo que somos ciudadanos de una comunidad real de diálogo que es posible por la comunidad ideal e ilimitada del diálogo, contrafácticamente anticipada siempre.

Según esta ética dialógica, la corrección moral no pasa por el principio de universalización en cada conciencia particular del individuo donde cada cual llegaría a la misma conclusión sin necesidad de hablar con los otros. Ahora, la universalización surge de la discusión con los afectados por las consecuen-

6 Apel, K.-O., *Teoría de la verdad y ética del discurso,* Barcelona, Paidós, 1984.

cias de la norma, todo lo cual permite una responsabilidad por la historia sin postulados: y juzgar sobre el progreso en la tensión entre la comunidad real de diálogo, en la que siempre estamos, y su acercamiento a la comunidad ideal de diálogo.

Esa lectura lingüística y dialógica permite superar la metafísica, abandonando conceptos, entre otros, como noúmeno y reino de los fines, y reconstruir desde las ciencias reflexivas y reconstructivas cómo la razón interesada, no pura, filo y ontogenéticamente, a través de la especie y de cada individuo, se abre paso a lo largo de la historia de la humanidad en su afán emancipatorio.

No es el momento ahora de exponer esta interesante renovación de la ética kantiana por parte de estos dos grandes filósofos. Lo que ahora nos interesa es considerar como un tópico que dan por obvio que la ética kantiana se mantiene todavía en el paradigma de la filosofía de la conciencia.

Consideramos acertadas las críticas de metafísica y los dualismos que genera la filosofía práctica kantiana fruto de la distinción entre fenómenos y noúmeno. Igualmente consideramos acertada y loable esa transformación pragmático-trascendental: es en el mundo de la vida, en el tener que pensar para resolver problemas, del que parte el pragmatismo, donde emerge la subjetividad y su moralidad. Lo que aquí nos preocupa es dar demasiado por supuesta la insularidad de la conciencia kantiana. Hay al menos dos motivos por los que consideramos desacertada esa lectura.

El primero es que el principio de universalización es una muestra de que Kant concibe al sujeto transcendental (sí metafísico, pero no psicológico) como miembro y como legislador del reino de los fines. No habla de un sujeto encerrado en su conciencia, sino de un miembro en una comunidad del reino de los fines, la comunidad de los seres racionales. Su ética no es individualista, está atravesada de elementos comunitarios que no son los propios de la eticidad de una época, ni es subsidiaria de ideas innatas puestas por Dios, como en el caso de la filosofía cartesiana. El segundo motivo es que el reino de los fines kantiano es fruto de interpretar la voluntad general de Rousseau en clave ética, más que política, y como razón práctica. En una filosofía que declara incognoscible el objeto, la cosa en sí, la intersubjetividad suple la objetividad. La única manera de corroborar la corrección del conocer, de las máximas morales y la justicia de las leyes es contrastarla con el parecer de los otros. No es, en absoluto, esa una conciencia solipsista. En efecto, el principio de universalización es una continua apelación a dicha dimensión comunitaria cosmopolita, que se concreta todavía más en la defensa del principio de publicidad de las leyes o del uso público de la razón en la labor en las organizaciones. Todo ello son otras muestras de esa constitutiva apertura a los otros que es la filosofía práctica kantiana.

Sirva el siguiente fragmento como muestra de la constitutiva consideración a los otros en la obra del prusiano:

Pues es una piedra de toque subjetivamente necesaria de la rectitud de nuestros juicios en general y, por lo mismo, de la sanidad de nuestro entendimiento el que confrontemos este con el entendimiento ajeno, y no nos aislemos con el nuestro y, por decirlo así, juzguemos públicamente con nuestra representación privada. De ahí que la prohibición de libros [...] ofenda a la humanidad. Pues se nos despoja con ello, si no del único,[7] empero del mayor y más fácil medio de corregir nuestros propios pensamientos, lo que se hace exponiéndolos públicamente para ver si se ajustan al entendimiento ajeno.

7 ASP VIII, p. 219; p. 111.

En resumidas cuentas, hay muchas de las críticas de Apel y Habermas a Kant que compartimos, porque ofrecen una mejor versión de lo que hoy sería un kantismo libre de lastres que ni el mismo Kant pudo superar. Para eso hacían falta el giro lingüístico, el hermenéutico y el pragmatista de la ética contemporánea. Aceptamos así la crítica al de Königsberg de que su metafísica es poco adecuada para fundamentar una ética en patrones más alineados con las ciencias, la filogénesis de la razón y el complemento reconstructivo-histórico de la capacidad crítica reflexiva de dicha razón. Pero no consideramos acertada que su propuesta sea de un proceder solipsista, dado el empeño de Kant de hacer una distinción entre el sujeto empírico y el trascendental. Su crítica de la razón es un continuo hablar con la comunidad de seres racionales y a nivel cosmopolita.

Cuestionamos del tópico que no vean la desvinculación de la filosofía de la conciencia. El hecho de la razón no lo es solo de la persona corriente particular. El principio de universalización considera la comunidad del reino de los fines, de los sujetos fines en sí, como prioritario a la hora de evaluar la máxima. En conclusión, lo prioritario es la comunidad de lo intersubjetivo común que a todos nos precede, nos constituye cual condición de posibilidad del sujeto empírico. No creemos que Kant confundiera la autonomía con la idiosincrasia particular, aunque, ciertamente, no vislumbró la importancia capital del lenguaje en ello.

4.6. Temáticas kantianas de actualidad y consideraciones críticas

La filosofía práctica contemporánea no puede dar la espalda a la fundamentación que hizo Kant.[8] Necesitamos un principio

---

8 Tugendhat, E., *Problemas de la ética*, Barcelona, Crítica, 1988.

supremo de la moralidad que la rescate del rapto por parte de la psicología, la economía, la sociología u otras ciencias sociales. Confianza, compromiso, promesa, acuerdo, consenso son imposibles sin una noción de deber incondicional. El comportamiento del ser humano no agota su obrar. Este debe explicarse desde su agencia moral, como sujeto libre y responsable. Para ello necesitamos un principio de universalización que oriente la toma de decisiones. La kantiana es una filosofía humanista que ha pensado el pluralismo en las formas de vivir y decidir. La brújula que nos ha propuesto desde su método trascendental continúa pudiendo orientar el curso de la humanidad desde un punto de vista ético.

Si hay tópicos sobre Kant es porque su filosofía ha dado y sigue dando que hablar. Necesitamos el formalismo porque nos recuerda lo esencial que toda moralidad debe preservar, independientemente de tiempos y contextos. En nuestra época de cambios vertiginosos y sociedades moralmente pluralistas, hay que insistir en que el formalismo es el punto de partida de toda discusión sobre la moralidad. El formalismo kantiano no es vacío de contenidos: la humanidad en su proceso de ser autónoma es la que debe marcar todos los límites de lo que se debe o no hacer.

Necesitamos de convicciones propias de su ética deontológica kantiana. La racionalidad que exige la capacidad de universalizar la máxima de uno, difícilmente admite discusión como fundamento moral. Lo que sí tendremos que discutir es cuál máxima en concreto sea más adecuada para un contexto. Ello no implica una ética ni fría ni distante; ni vacía de contenido ni apática. Pero no son los contenidos ni las pasiones las que marcan la pauta. La ética kantiana nos recuerda que hay que atender a los contextos, pero ello no implica incurrir en el relativismo de las situaciones, pues no hay que confundir este con el pluralismo de la diversidad de máximas que podría legitimarse.

El carácter trascendental del resto de los contenidos, la humanidad avanzando autónomamente en su desarrollo, personal y como género, y el respeto como sentimiento moral prioritario previo al resto de sentimientos continúan siendo la clave desde la cual perseverar en el camino de la ilustración, camino que no es una opción tan válida como otra, sino la condición de la posibilidad de, por la autonomía de la que emana, la legitimidad de cualquier opción. Incluso el *prohibido prohibir,* la defensa de la ausencia de normas o pautas, no deja de ser un principio universalizable que, en último término, defiende la autonomía del agente, aunque luego, sin obligaciones ni compromisos con los otros, dicha opción dificulta la defensa de cualquier tipo de respetabilidad a nada ni nadie.

Hay que tener presente que la ética no versa sobre lo conveniente, ni sobre la espontaneidad sentimental. Pero tampoco es un mero procedimentalismo, ni una mera aceptación acrítica de los consensos democráticos. No hay una prioridad de la democracia respecto a la filosofía.[9] No es casualidad, porque cuenta con la autonomía de los implicados, que la democracia defienda una forma de convivencia que mejor resuelve sin violencia los conflictos sociales.

Por eso también hay que esquivar la tan presente y frecuente falacia voluntarista de apelar a convicciones personales del político en cuestión, por seguir con la obra de Weber. Las convicciones de las que hay que partir para, desde ellas, evaluar las consecuencias como buenas o malas no pueden ser convicciones personales, idiosincráticas, ni meramente históricas de ese tiempo. Kant no quiere sucumbir a la eticidad de una época. La crítica de la razón la hace precisamente para salvar la moralidad de los vaivenes de la historia. Tampoco basta con el mero peritaje técnico ante el cual no cabe la de-

9 Rorty, R., *¿Esperanza o conocimiento? Una introducción al pragmatismo,* México, Fondo de Cultura Económica, 1999.

cisión ética: se ha de poder dar razón de la decisión.[10] El mismo Kant advirtió del deber de los expertos de coadyuvar con sus conocimientos a la mejora de las instituciones, lo que implica un deber de transferencia y, por el primado de la razón práctica, una buena voluntad de poner ese conocimiento, que solo ha podido forjarse en comunidad, al servicio de la comunidad humana.

Es importante resaltar el rasgo deontológico que persiste en las éticas aplicadas. Las éticas aplicadas no se limitan a ser mera casuística: necesitan principios desde los que empezar. Estos son necesarios para enmarcar las condiciones de posibilidad a partir de las cuales discutir los casos. Y las éticas aplicadas no son sin más pragmáticamente útiles, es decir, que nos ayudan a resolver problemas, sino que parten del principio de los principios: la persona como fin en sí, por el cual merece siempre respeto a su autonomía en condición de competencia, o protección en condiciones de vulnerabilidad.

Si bien es cierto que la clasificación entre la ética deontológica (preocupada por los deberes) y las éticas teleológicas (centradas en los fines) orienta, lo cierto es que no son distinciones puras. Hemos constatado que en la deontología kantiana hay fines. Del mismo modo, a pesar de que se pone el énfasis en la acción, no se olvida la virtud y, por tanto, el tipo de persona que se llega a ser realizando esas acciones. No es del todo cierto que las deontologías olviden el tipo de persona que debe cumplir el deber, sobre todo cuando es desde la profunda convicción que ese deber no es meramente una cuestión de legalidad (ni del ordenamiento jurídico ni de la mera concordancia externa de la conducta con el deber).

Solo desde esos principios tienen lugar las éticas del cuidado, de la virtud y los consecuencialismos. Por la sencilla razón, a nuestro parecer, de que el fundamento es esa noción de dignidad

10 Apel, K.-O., *Teoría de la verdad y ética del discurso, op. cit.*

y autonomía a la que Kant tanto ha contribuido a fundamentar. Si existe la bioética, es porque la vida, la *bios,* es la propia de un ser consciente que merece un respeto y tiene autonomía a la manera kantiana, independientemente de la idiosincrasia particular. Es esa fundamentación la que nos permite esquivar los peligros de incurrir en comunitarismos, populismos, totalitarismos, en eticidades o idiosincrasias. No se trata solo de bioética estadounidense o japonesa, por poner un ejemplo.

Es por la primacía del elemento deontológico que caracteriza a la ética kantiana que podemos explicar nuestro aprecio por eso que llamamos ejemplaridad pública. Porque, si bien es la acción la que ejemplifica, es la perseverancia en él lo que despierta admiración moral por la persona: uno sabe que se esfuerza porque, literalmente, vale la pena esa acción, aunque ni comporten felicidad ni éxito sus resultados. Ese acto es un ejemplo claro de que hay que hacerlo porque es lo correcto, sea quien fuere quien lo haga y sean *inútiles* las consecuencias. Con su ejemplo esforzado, hace sencillamente con su acción lo que cualquier persona en circunstancias análogas debiera hacer.

Kant reconocía que el límite de la ciencia, de la moral y, en general, de la razón permite la esperanza, la sorpresa, el asombro. Sigue siendo necesario conciliar la ética con la religión, porque no es esta la que funda la ética, pero la ética no puede despejar la incógnita del misterio, la resonancia que defiende Rosa en *Lo indisponible.*[11] Seguramente forma parte del misterio el que haya un complemento para que sea posible la eficacia de la buena voluntad. Se trata de recordar que ese límite que obstaculiza, al mismo tiempo, propicia.

Hay que seguir defendiendo la filosofía práctica de Kant de los malentendidos que ha generado, pero, por supuesto, desbrozándola, como él hizo en su tiempo, de aquellos otros lastres

---

11 Rosa, H., *Lo indisponible, op. cit.*

del propio Kant y de la filosofía de su época. En concreto, hay dos críticas que claramente podemos hacerle.

La primera crítica es que, aunque Kant hizo bien la fundamentación, al otorgar primacía a un principio de universalización cuyo principal contenido es el respeto a la humanidad, y cuya finalidad consiste en abrir paso a la autonomía en la historia progresivamente, sin embargo, no nos da más criterio a la hora de lidiar con la realidad del ámbito fenoménico. Nuestro filósofo no nos da más criterios para aplicar a la historia de la mejor forma posible las normas universalizables atendiendo a las consecuencias. Ahí, ciertamente, necesita ser complementada.

Por eso mismo en las éticas aplicadas, en concreto en la bioética, los principios (de autonomía, no maleficencia, beneficencia y justicia) suelen considerarse *prima facie*, lo que implica que de entrada valen los cuatro principios, pero su orden y su jerarquía variarán a la luz del caso y sus circunstancias. Parafraseando a Kant con su referencia a conceptos e intuiciones, podríamos añadir que, sin principios, los casos son ciegos, y los principios sin casos, vacíos por falta de aplicación, pero nunca vacíos de cualquiera contenido.

Y esos otros criterios que necesitaríamos para mejorar dependen de los conocimientos, lo que implica la responsabilidad por tomar unas decisiones más que otras. No es suficiente, como pensaba Kant, que la persona corriente deba poder saber lo que tiene que hacer sin necesidad de gran inteligencia ni conocimiento. Y el prusiano nos da pistas sobre la paz perpetua, pero, porque sabe de la complejidad de la política, no criterios rotundos. Dicha complejidad exige de estrategia, de prudencia, de conocimientos y de cálculos de consecuencias para lograr eficazmente fines confiando en nuestras propias fuerzas.

Por ello podemos objetar al filósofo de Königsberg, pues por ello nacen las éticas aplicadas, que no basta hoy con el conocimiento moral común. Hacen falta conocimientos de expertos y previsión de las consecuencias más favorables para tomar decisiones concretas, porque las nuevas posibilidades que inaugura la técnica, por ejemplo, abren nuevas preguntas morales más complejas que aquellas a las que el mero conocimiento moral común pudiera contestar. La pregunta de si todo lo que técnicamente pueda hacerse debe hacerse, el nuevo poder que concede la posibilidad técnica, es imposible de abordar sin Kant, al mismo tiempo que es insuficiente e irresponsable hacerlo solo con Kant.

La segunda crítica, que ya apuntábamos con anterioridad, es que la razón tiene un interés emancipatorio.[12] Hay, para decirlo con Apel, un a priori material de la facticidad.[13] El tipo de crianzas y de estructura social y política básica en los que siempre estamos debe fomentar y garantizar que el espíritu emancipatorio se transmita generacionalmente, lo que exige la real interlocución de los afectados por la norma. No basta con la mera consideración abstracta, cada uno en su fuero interno, de que se podría querer universalizar la máxima.

12 Habermas, J., *Conocimiento e interés*, Barcelona, Taurus, 2023.
13 Apel, K.-O., *Teoría de la verdad y ética del discurso, op. cit.*

Kant para el futuro

Gracias a Kant hemos descubierto que un ser finito como el humano puede, a pesar de sus límites, atenerse a lo que le es constitutivo. El humano puede conocer lo condicionado y hacer ciencia, y explicar cómo es esta posible, por qué es bueno conocer y progresar poniendo el mundo un poco más a nuestra disposición. Mas esa misma dimensión cognitiva solo es posible si seguimos unas reglas, las que marca la crítica de la razón al servicio de la libertad. Gracias a Kant sabemos del primado de la razón práctica: conocer, distinto de pensar, requiere reglas y actitudes. Conocemos para liberarnos. Conocemos para saber qué depende de nosotros y qué no. Conocemos para saber lo que no conocemos y no podremos conocer. Hemos de aceptar los límites: nunca nadie lo conocerá todo. Se trata, al mismo tiempo, de limitar el poder y de usar bien el que disponemos. Eso nos exige humildad, perseverar en el atreverse a pensar y abrirnos a la esperanza. El *sapere aude* es un continuo atreverse a pensar por uno mismo, mas nunca es un pensar en solitario.

Gracias a Kant sabemos que las inclinaciones son constitutivamente humanas, puesto que somos seres sensibles a los que todo nos afecta y podemos afectar a otros. Y sabemos que esa sensibilidad no es la causa de la moralidad, aunque sí su ineludible compañera en la acción por medio del respeto. El ser humano, porque es finito, no es un ser racional puro, pero tampoco, como los animales, es un ser puramente sensitivo.

En la tensión entre ambas dimensiones radica también su mejor posibilidad.

Gracias a Kant supimos que el cálculo prudencial está bien para la eficiencia a la hora de satisfacer nuestro deseos e intereses, pero la obligación moral obedece a una voz distinta. El imperativo categórico nos recuerda que estamos ligados entre nosotros por una común humanidad; este ha de regirnos como pauta legitimadora de las acciones de cada individuo en particular y de la humanidad en general.

Kant pensó las bases del conocer, del obrar y del esperar. El proceso arqueológico que él inició yendo a los fundamentos, a los principios, nos recuerda quiénes somos y quiénes deberíamos ser para seguir siendo dignos de ocupar nuestro lugar en el cosmos. Cuestionar el conocer, el hacer y el esperar humanos siempre implica preguntarse por el sentido, lo que es posible gracias a la libertad, ya que es por y para ella que debemos obrar, conocer y esperar. La libertad no solo debe ser posible, tiene que ser real, fruto de un deber de ejercerla y hacerla venir continuamente al mundo, siendo críticos y estando atentos a sus encubiertos enemigos y detractores.

Poner el conocimiento al servicio de la autonomía de la humanidad exige crear ágoras en las que sea posible el uso público de la razón, yendo más allá de uno sin abdicar de uno. La libertad nunca está conquistada, comporta el deber de seguir abriendo posibilidades de seres dignos, autónomos, ilustrados en y para un mundo humano. La antítesis de la ilustración es pereza, heteronomía y falta de coraje.

Kant nos recuerda que todo ello no va a ser posible sin paz, condición sine qua non de la cual es el cosmopolitismo, porque la tierra nos pertenece a todos, debe ser posible la libre circulación por el planeta. El veto rotundo, no debe haber guerra, nos exige extender el derecho cosmopolita.

El humano debe ser animal de proyectos autónomos y de futuro abierto que devengan reales gracias los esfuerzos colectivos de creer en nuestra posibilidad de mejorar mejorando el mundo. Y el mundo debe ser mejor en dos sentidos: a nivel civilizatorio, nos hemos de dotar de instituciones que, mediante leyes y educación, pongan más obstáculos al mal, que, como el bien, procede de la voluntad. Pero también debe ser mejor a nivel moral. Como con cada individuo siempre hay la posibilidad de abusar de la libertad, el mundo será mejor moralmente si somos capaces de transmitir el coraje de buscar la libertad (sin dominación ni servidumbres voluntarias) y de pensar. También es una falta moral desconfiar de la capacidad de mejora del ser humano. Entre el optimismo moderado y la aceptación de nuestra constitutiva limitación, no podemos echar por la borda estas conquistas morales.

Elogiamos la obra de Kant no solo para conmemorar, ni siquiera para agradecer. Lo hacemos para orientarnos, para saber por dónde ir, por qué perseverar. Kant dedicó su vida y su obra a averiguarlo. Por ello le debemos tanto, de ahí nuestra merecidísima admiración. La brújula moral que nos ha dejado nuestro pensador nos guía a varios niveles. A título personal, lo hace hacia la forja de la buena voluntad y en la espera del bien supremo. A título organizativo, orienta en la promoción del uso público de la razón cuidadoso con mantener el equilibrio en el uso privado. Y orienta, a nivel de la humanidad, desde la utopía de mejorar continuamente el mundo a base de esfuerzos emancipatorios y la creación de una confederación de naciones cosmopolita que acabe con la guerra.

Dignidad, respeto, autonomía, crítica, imperativo categórico, *sapere aude,* uso público de la razón, paz perpetua, derecho cosmopolita, etcétera, son conceptos que abonan el campo semántico específico de la filosofía práctica kantiana. De él surgen las raíces difícilmente prescindibles de una manera de autocomprendernos y de crear mundo si queremos mantener una identidad humana por la que continuar reconociéndonos hoy y ser reconocidos en el futuro asumido como tarea moral.

Ojalá que la filosofía práctica de Kant contribuya a perseverar en la forja de la buena voluntad. Ojalá que el reino de los fines, la comunidad de las buenas voluntades, persista en su esperanza de que nada de su esfuerzo es en vano. Ojalá que el cosmopolitismo avance hacia la paz perpetua. Ojalá seamos capaces de defender el uso público de la razón en el ágora mundial. Nos lo debemos los unos a los otros y a nosotros mismos como dignos herederos de la humanidad que nos habita en forma de ley moral. En definitiva, parafraseando a Pere Lluís Font, ojalá que los subjuntivos propios de los ojalá devengan, mediante imperativos, indicativos orientadores para la humanidad.[14]

14 Lluís Font, P., *Immanuel Kant. Seis ensayos y un diálogo de ultratumba, op. cit.*

Bibliografía

Obras de Kant

Gesammelte Schriften, Preussische Akademie der Wissenschaften, 1900ss., Berlín, Walter de Gruyter & Co.

Traducciones utilizadas

Antropología en sentido pragmático, Madrid, Alianza, 2015.
Fundamentación de la metafísica de las costumbres, Madrid, Espasa Calpe, 1990.
Crítica de la razón pura, Madrid, Alfaguara, 1985.
Crítica de la razón práctica, Madrid, Espasa Calpe, 1984.
Crítica del juicio, Madrid, Espasa Calpe, 1977.
«En torno al tópico: tal vez eso sea correcto en teoría, pero no sirva para la práctica», en *Teoría y práctica,* Madrid, Tecnos, 1993.
Ideas para una historia universal en clave cosmopolita y otros escritos sobre Filosofía de la Historia, Madrid, Tecnos, 1997.
La metafísica de las costumbres, Madrid, Tecnos, 1989, 2ª ed., pp. 61-68,
La paz perpetua, Madrid, Tecnos, 1985, 2ª ed.
Pedagogía, Madrid, Akal, 1985.
«Replanteamiento sobre la cuestión de si el género humano se halla en continuo progreso hacia lo mejor», en *Ideas*

para una historia universal en clave cosmopolita y otros escritos sobre Filosofía de la Historia, op. cit.
«Respuesta a la pregunta qué es ilustración», en *Filosofía de la historia,* México, Fondo de Cultura Económica, 1978.
«Sobre un presunto derecho a mentir por filantropía», en *Teoría y práctica, op. cit.,* 2ª ed.

Referencias

APEL, K.-O., *Teoría de la verdad y ética del discurso,* Barcelona, Paidós, 1991.
—, *Una ética de la responsabilidad en la era de la ciencia,* Buenos Aires, Almagesto, 1990.
ARENDT, H., *Eichmann en Jerusalén. Un estudio sobre la banalidad del mal,* Barcelona, Lumen, 2003.
BLOCH, E., *El principio esperanza,* Madrid, Aguilar, 1977.
CASSIRER, E., *Kant, vida y doctrina,* México, Fondo de Cultura Económica, 1993.
CABANAS, E. y ILLOUZ, E., *Happycracia. Cómo la ciencia y la industria de la felicidad controlan nuestras vidas,* Barcelona, Paidós, 2019.
CONILL SANCHO, J., «Eleuteronomía y antroponomía en la filosofía práctica de Kant», en Carvajal Cordón, J. (coord.), *Moral, Derecho y Política en Immanuel Kant,* Cuenca, Ediciones de la Universidad de Castilla-La Mancha, 1999, pp. 265-284.
CORTINA, A., *Aporofobia, el rechazo al pobre,* Barcleona, Paidós, 2018.
GÓMEZ CAFFARENA, J., «Respeto y utopía, ¿dos fuentes de la moral kantiana?», *Pensamiento* 34 (1978), pp. 259-276.
HABERMAS, J., *Conocimiento e interés,* Barcelona, Taurus, 2023.

HEGEL, G. W. F., *Principios de la filosofía del Derecho,* Barcelona, Edhasa, 1988.

HUME, D., *Tratado de la naturaleza humana,* Madrid, Tecnos, 2005.

HUXLEY, A., *Un mundo feliz,* Barcelona, Debolsillo, 2020.

LLUÍS FONT, P., *Immanuel Kant. Seis ensayos y un diálogo de ultratumba,* Barcelona, Arpa, 2016.

PALACIOS, J. M., *El pensamiento en la acción. Estudios sobre Kant,* Madrid, Caparrós, 2003.

ROSA, H., *Lo indisponible,* Barcelona, Herder, 2021.

RORTY, R., *¿Esperanza o conocimiento? Una introducción al pragmatismo,* México, Fondo de Cultura Económica, 1998.

SCHILLER, F., *Schillers Werke,* Nationalausgabe, Weimar, Hermann Böhlaus, t. I., 1962.

TUGENDHAT, E., *Problemas de la ética,* Barcelona, Crítica, 1988.

WEBER, M., *El político y el científico,* Madrid, Alianza, 2021.